Peter Cardorff

Friedlaender (Mynona) zur Einführung

Edition SOAK
im Junius Verlag

Redaktion

Detlef Horster (Hannover)
Hans-Martin Lohmann (Heidelberg)
Alfred Paffenholz (Bremen)
Willem van Reijen (Utrecht)
Burghart Schmidt (Wien)

SOAK-Einführungen 38
Herausgegeben von Alfred Diener
Junius Verlag GmbH
Stresemannstraße 375
2000 Hamburg 50
Copyright 1988 by Junius Verlag
Alle Rechte vorbehalten
Einbandgestaltung: Johannes Hartmann, Hamburg
Satz: Junius Verlag, Hamburg
Druck: SOAK GmbH, Hannover
Printed in Germany
ISBN 3-88506-838-9
1. Auflage April 1988

CIP-Kurztitelaufnahme der Deutschen Bibliothek
Cardorff, Peter:
Friedlaender (Mynona) zur Einführung/Peter Cardorff.
1. Aufl. – Hamburg: Ed. SOAK im Junius Verlag, 1988
(SOAK-Einführungen; 38)
ISBN 3-88506-838-9

NE: GT

Inhalt

Vorbemerkung des Herausgebers 7

I. Selbstunterschied
   oder: Friedlaenders Grundgedanke 11

II. Der hundertste Geburtstag
    oder: Mynona über Mynona 17

III. Kant-Schopenhauer-Nietzsche
     oder: Friedlaenders Bekenntnis zur
     philosophischen Tradition 21

IV. Literatur, Glaube, Strategie
    oder: Probleme der Philosophie nach Nietzsche 33

V. Schöpferisches Nichts
   oder: Friedlaenders Weg 42
   Selbst 42 — Welt 50 — Vernunft 55 — Magie 63

VI. Übung macht den Magier
    oder: Konstituenten magischer Praxis 71
    Einsicht 75 — Selbsterziehung 76 — Logisch
    Jonglieren 76 — Moralisch Handeln 77 —
    Objektumgeben Äquilibrieren 79 —
    Sprechen 84 — Lachen 85

VII. Lehrbuch bis Groteske
oder: Friedlaenders Praxis als Schriftsteller 87
Philosophische Werke *89* — Lehrbücher *91* —
Kritiken *93* — Propagandistische Einlagen *99* —
Politische Stellungnahmen *101* — Lyrik *102* —
Autobiographie *105* — Groteske *108*

Nachwort 116

Anhang

Einige Erläuterungen von Begriffen 119

Anmerkungen 122

Literaturhinweise 131

Zeittafel 133

Fünf Stücke von Mynona 139

Salomo Friedlaender/Mynona in Bildern 165

Vorbemerkung des Herausgebers

Salomo Friedlaender/Mynona (1871-1946) hat in unvergleichlicher Weise die Entwicklung philosophischen Denkens von Kant über Schopenhauer und Nietzsche weiter- und über sie hinausgeführt. Wenn ihm dennoch der Ruhm und die Anerkennung versagt blieben, die weit kleineren Geistern zuteil wurden, so liegt das sicherlich auch daran, daß er sich als Philosoph und Groteskenschriftsteller in einer Person gängigen Mustern nicht fügt.

Immerhin bildete sich um die Grotesken und um die leibhaftige Person des Autors zu seiner Berliner Zeit eine Gemeinde, überlebte Mynona in einigen Grotesken- und Briefe-Ausgaben bis heute. Währenddessen ist die originäre Leistung des Philosophen Friedlaender weithin unbemerkt geblieben. Seit etwa Georg Simmel oder Walter Benjamin — zu Lebzeiten selbst Außenseiter — auf ihn aufmerksam zu machen versuchten, sind Jahrzehnte vergangen, in denen wohl nur wenige Leser überhaupt noch bis zu Friedlaender vorgedrungen sind. Inzwischen scheint es, als sollte nicht mehr viel fehlen, daß mehr Licht auf ihn fällt. Wer sich von der Beschäftigung mit seinem Werk abhalten läßt, weil Friedlaender nicht an der Universität gelehrt hat, macht sich heute jedenfalls ziemlich lächerlich; wer um die Ausgrenzungspraktiken des akademischen Betriebes weiß und nach anderen Wegen sucht, wird vielleicht erst recht sehen wollen, was da vorliegt.

Allerdings steht kaum zu erwarten, daß Friedlaender heute schulbildend und umwälzend innerhalb des »philosophischen Diskurses« irgendeiner Moderne oder Postmoderne wirken könnte, der ihm vielleicht mehr noch als der seinerzeitige als Realgroteske erscheinen würde. Zwar nahm er systematische Philosophie sehr ernst; die wesentlichen Probleme hielt er jedoch (vor allem durch Kant) für philosophiegeschichtlich erledigt. Der akademische Lehrbetrieb und der modephilosophischen Trends unterworfene Feuilletonismus interessierten ihn ohnehin nicht. In einer charakteristischen Situation zieht er der überhitzten Diskussion ein kühles Bad vor, wie Walter Mehring bezeugt: »Abends im Café. Alle schwitzen und erhitzen sich an einer Debatte. Einer ist gerade mit seinem Weltanschauungsdisput zu Ende. Da holt Mynona seine Taschenuhr heraus, läßt sie langsam an der Uhrkette in das vor ihm stehende Selterwasserglas gleiten und verkündet wohlig-gedehnt: ›Ha, wie das erfrischt!‹«.

So einer kann sich weithin unbeliebt machen — Thomas Mann, dessen *Zauberberg* Mynona nicht eben freundlich rezensiert hatte, zog es vor, den von den Nazis Verfolgten »bei uns nicht zu sehen«, als er um Unterstützung für dessen Einreise in die USA gebeten wurde. Mynona galt als Spötter und Schandmaul, und das Publikum konnte wohl mit manchen seiner Späße nichts anfangen. Sein alter ego Friedlaender wiederum hatte mit zeitgenössischen Strömungen in der Philosophie kaum Berührung, es sei denn als beißender Kritiker, was allerdings für sich genommen nicht dazu hätte führen müssen, daß man ihn mit Mißachtung strafte.

Seine eigenen — zwar von Kant ausgehenden, aber schöpferisch weiterentwickelten — philosophischen Annahmen sind unvermindert aktuell und geeignet, entweder entschiedene Zustimmung oder entrüstete Ablehnung zu ernten. Bevor es dazu kommen kann, nur eines noch. Friedlaender schult den Verstand, auch wo der Leser oder die Leserin seinen Standpunkt nie und nimmer einnehmen mag. Und er kann Vergnügen bereiten. Wir empfehlen ihn vor allem denen, die bisher von alles-überwindenwollenden Denkern enttäuscht worden sind: Sie werden hier einen erwartungsvollen neuen Anfang machen dürfen. Und wir empfehlen die Lektüre allen Philosophen von Beruf, gerade auch denen unter ihnen, die sich vielleicht zunächst nur an Friedlaender stoßen. Sie können hier ihre in jahrelangem Gebrauch stumpf gewordenen philosophischen Bestände zu scharfen Gegenargumenten schleifen (viel Erfolg!) und solche Aktion ihren Studenten zum Üben aufgeben.

Und nun — Vorhang auf!

Identitätsphilosophie ist die einzige, welche es geben kann.

Salomo Friedlaender

I. Selbstunterschied
oder: Friedlaenders Grundgedanke

»Man gebe mir ein Chaos, so chaotisch wie nur immer, ich will es durch einen bloßen Spiegel seiner selbst zur Raison bringen.«[1] Ein großes Wort, das Salomo Friedlaender/Mynona vor sich setzt? Ganz so anmaßend, wie es klingen mag, ist das Programm nicht, denn alles Leben und alles Philosophieren ist doch Ordnen und unterscheidet sich nur nach der Weise, in der es geschieht. Salomo Friedlaenders Weise läßt sich in einem Satz fassen: Das Erlebnis Welt ist die unendliche Entzweiung des Selben, und ihr Selbst ist Person.

Etwas ausführlicher: Die Spaltung, die mit dem Menschen in die Welt kommt und die er unvermeidbar als schmerzlich empfindet – die Trennung in Ich und Welt, Subjekt und Objekt, Sein und Bewußtsein, Endlichkeit und Unendlichkeit (oder mit welchen Begriffen der eine Bruch sonst immer gefaßt werden mag) –, ist Schein, mangelnde Kunst; sie ist dadurch aufzuheben (nur dadurch), daß die Welt von einem Nullpunkt her verstanden, das Differente als Auseinander des Selben, innere Aktion des Identischen, bestimmt wird. Der Nullpunkt (das Nichts der Welt, das Absolute, ∞, der Schöpfer) kann nicht als für sich seiende Substanz, als Gott oder Materie oder sonst ein dem Erkennen und Empfinden äußerliches Lebensprinzip vergegenständlicht werden, der Nullpunkt muß unbedingt sein. (Jedes Gegenüber ist nur durch uns für uns, nur durch unser Denken oder Fühlen, also bedingt und nicht absolut.) Nur das kann Nullpunkt sein, was selbst die Bedingung allen Erkennens, Empfindens, Vorstellens (auch der Selbsterkenntnis), die Bedingung aller Differenz ist: das (reine) Ich, Selbst, Individuum. Die Welt ist eine Aktion des Ich, von diesem unternommen, weil es sich ohne Selbstdifferenzierung seine Identität nicht zur Geltung bringen kann. Und eben daraus ergibt sich die Aufgabe: die Welt als innere Differenz des Selbst zu begreifen, die Unterschiede dabei nicht einzuebnen, sondern auszubalancieren, das Selbst als absolute Indifferenz, schöpferisches Nichts, Heliozentrum, Weltmittelpunkt zu konstituieren und zu erleben; letztlich: das Selbst von einer Bedingung der Wirklichkeit zur erschöpfenden Wirklichkeit selbst aufzuschwingen.

* * *

Diesen einen Gedanken führt Friedlaender in Dutzenden Büchern und Hunderten Artikeln durch: in philosophischen Schriften, literarischen Grotesken, Rezensionen, Fragelehrbüchern, Sonetten..., auf Tausenden von Seiten. Einige Leser werden nun sicherlich sagen, ein Gedanke, das sei ein bißchen wenig, zehntausend Seiten hingegen seien entschieden zu viel. Aber spricht nicht sehr viel dafür, daß alle berühmten philosophischen Theoretiker nur einen wesentlichen Gedanken gefaßt haben? Ja, daß es geradezu ein Kriterium für Bedeutung ist, nur einen Gedanken zu entwickeln und nicht etwa zwei oder fünfzehn oder einhundertundzwölf? (Besser wäre selbstverständlich, gar keinen Gedanken zu fassen oder unendlich viele, aber die das können und tun, sind Weise, und die leben wohl im Verborgenen.)

Friedlaender hat das übrigens ähnlich gesehen: so hat für ihn etwa Kant — sein wichtigster theoretischer Bezug — »quintessentiell nur eine Leistung aufzuweisen«[2]; und eines der beiden eigenen philosophischen Hauptwerke schließt er nach dreihundert Seiten mit der Bemerkung, die Schrift ermögliche nur »eine einzige Kern-Einsicht«[3] ... die er dann in drei bis vier Sätzen darlegt.

Was nun aber die zehntausend Seiten angeht: Haben nicht wie Friedlaender auch die meisten der sogenannten großen Philosophen ein riesiges literarisches Werk hinterlassen — nur daß sie es nicht Literatur nannten, sondern philosophisches System, und es auch nicht ganz so heiter ausfiel wie Friedlaenders Grotesken? Außerdem ist für Friedlaender das Werk der Schöpfung ja nicht mit der Entwicklung und Darlegung der philosophischen Lehre oder der Einsicht in ihren Grundgedanken getan, vielmehr muß der Mensch sich das schöpferische Nichts auch durch andere Aktivitäten erarbeiten: durch Ausagieren, ständiges Jonglieren mit den Gegensätzen (da tritt dann im Fall Friedlaender das alter ego Mynona in Aktion). Allerdings liegt hier, in der Neigung zu voluminösen Büchern und Tausenden Seiten, auch ein Verhalt — Friedlaender würde ihn allerdings bestreiten — von allgemeiner Bedeutung für die Philosophie: ist doch der Sinn des Philosophierens wesentlich das Philosophieren. (Denn das Lösen von Problemen — nicht nur von theoretisch-philosophischen — dürfte für die meisten Menschen ein weit unproblematischerer Umgang mit der Lebensproblematik sein als ein Leben inmitten gelöster Probleme.)

Um den einen Gedanken Friedlaenders geht es hier, auf etwa einhundertzwanzig Seiten. Ein wenig viel, nicht wahr, aber bitte: Friedlaender hat dafür vierzig Bücher gebraucht, und außerdem: der eine Gedanke ist ja bereits dargelegt, Sie können also gut und gerne an dieser Stelle die Lektüre abbrechen. Um den einen Gedanken geht es also, um den philosophischen Entwurf, den er bedeutet, hingegen nur am Rande um Fragen wie jene, ob Friedlaender mehr von der Gnosis oder mehr von Schelling beeinflußt ist, wo in seinen Ausführungen Lücken, Brüche und Widersprüche auftreten und ob er Kant besser versteht als Hermann Cohen es tat. Welchen Sinn hätte es auch, sich nicht auf den einen wesentlichen Gedanken zu konzentrieren, sondern auf das philosophische System, das heißt die literarische Durchführung des einen Gedankens? Oder sich auf das Pathos der Philosophie einzulassen und es ein weiteres Mal zu entlarven anstatt das wahrzunehmen, was unabhängig von dem Anspruch wertvoll sein kann? Überdies wird Friedlaender, sollte er einmal zum Objekt akademischer Forschung geschlagen werden, noch ausgiebig auf Vorläufer, Widersprüche, Querverweise zerklopft werden. Sollte er hingegen nicht in die Universitäten einziehen … nun, andernorts interessiert sich sowieso kein Mensch für Philosophie als Buchhaltung.

Ansonsten brauchen Sie keine Angst zu haben: Der Autor ist kein Friedlaenderianer, ihm ist, ehrlich gesagt, Friedlaenders »Schöpferisches Nichts« noch ein wenig zu viel und seine Indifferenz ein wenig zu faßlich. Aber das nur nebenbei, denn: Friedlaender ist hier der Chef. Und das heißt: Wo immer eine Interpretation gegeben wird, von Kant oder sonstwem, die nicht ausdrücklich als die des Autors bezeichnet ist, handelt es sich um eine Darstellung der Interpretation, die Friedlaender vorgenommen hat. Überdies soll er soviel wie möglich selbst zu Wort kommen — umso mehr, als seine philosophischen Schriften heute kaum bekannt sind. Und wenn ein Zitat auch nichts beweisen kann, so mag es immerhin eine Ahnung aufkommen lassen.

So, und bevor Sie mir nun unterstellen, ich versuchte — noch dazu in dilettantischer Manier — in Friedlaenders Jargon zu verfallen, Mynonas Art zu imitieren ... nun Gott (Neutrum, wie Nichts), liebe Leserin, lieber Leser, ich bitte Sie, jedes Kind weiß doch, daß alle Ausfälle einmalig sind, und was am Ende wäre schlimmer als Epigonentum? Schluß also mit allem Unfug. Lesen Sie gefälligst den lachenden Kant — ja, so nennt er sich —, studieren Sie Friedlaender und Mynona im Original. Und wenn Sie dann nicht nur erheitert und nachdenklich gestimmt sind, sondern ihm überdies folgen möchten ... nun, dann benennen Sie doch einfach eine Straße nach ihm. Und schaffen Sie ihm endlich sein Reiterstandbild. Und entdifferenzieren Sie sich bitteschön zum göttlichen Selbst. Wenn auch, nun, wie sagt Mynona: »Karikatur — gewiß! Aber was wäre nicht Karikatur? Können Sie ideale Gebilde bis in die letzten Fasern des Alltags hinein sinnlich verwirklichen, ohne sie lächerlich zu verzerren?«[4]

Und noch etwas: Nicht um Biographisches geht es hier, sondern um einen philosophischen Entwurf (wenn auch in diesem Fall um einen, der sich weitgehend mit dem Lebensentwurf des Philosophierenden deckt). Das nicht etwa in erster Linie, weil Mynona in seiner unveröffentlichten autobiographischen Skizze Lebensdaten für unwichtig erklärt. Nein, es ist etwas anderes: Das Schreiben von Biographien möge Menschenkennern, Staatsanwälten und

Kolumnisten vorbehalten sein, allen jenen, die glauben, Motive seien erkennbar und wir hätten überdies ein Recht, sie ans Licht zu bringen. Im übrigen mag zwar vieles für die – selbstverständlich nicht überprüfbare – These sprechen, Lebensentwurf und Philosophie eines Menschen seien wesentlich Vollzug seiner Mentalität und seines Charakters. Aber das ist eine Vermutung, die nichts zum Verständnis einer bestimmten Philosophie beitragen kann – umsoweniger als der Vollzug auf völlig unterschiedliche Weisen abläuft –, höchstens zur Bestimmung der allgemeinen Grenzen von Philosophie, Meinung, Überzeugung, Intellekt. Und es ist eine Vermutung, die das Philosophieren nicht überflüssig macht und damit den philosophischen Diskurs (wie das heute genannt wird) – sowenig wie die Unbeweisbarkeit des freien Willens es überflüssig macht, zu handeln, als ob es einen freien Willen gibt.

Betrachten wir Philosophie also vielleicht lieber als Angebot und behandeln wir sie nicht anders als Obst. Bei Äpfeln fragt kein Mensch danach, wo die Motive dafür liegen, daß sie gelblich schimmern oder rötlich – jeder nimmt sich, was ihm schmeckt, ißt es roh oder verbackt es zu einem Kuchen, und all das andere respektiert er, indem er es liegenläßt. Nur darüber gibt es eine Debatte, welche Sorte für den am besten geeignet ist, der gern süß ißt oder ... wenig Geld hat.

Vielleicht ist Mynonas Weise, sich selbst zu charakterisieren, ein guter Anfang. Lassen wir ihn also für ein ganzes Kapitel in seinen eigenen Worten zum Zug kommen.

II. Der hundertste Geburtstag oder: Mynona über Mynona

Ach, bin ich träge! Aber da nun mal das Verfassen meiner Autobiographie zu den unbequemen Geschäften gehört, die Niemand verrichten kann als ausgerechnet ich selbst, so muß ich mich schon dazu aufraffen. Ich habe meine eigene Bekanntschaft (vor einem Säculum) in einer Grenzfestung gemacht, in der sich protestantische Preußen, katholische Polen und alttestamentarische Juden gegenseitig nach aller Möglichkeit verachteten und haßten, selbstverständlich im tiefsten Frieden. Ach, war das schön! So daß der goldige Reflex davon in die Tiefen meiner Seele fiel und mich philosophisch kratzte oder humoristisch kitzelte. Sonderbar: ich unterscheide deutlich in mir einen weisen, hohen, edlen Lehrer von einem botokudischen, faulen, niedrigen Schüler. Die lange Leitung, die ich (als Schüler) für mich (als Lehrer) habe, könnte man mehrmals um den Äquator wickeln. Und so ist auch mein Verhältnis zu den Mitmenschen: die höchsten Ideen wirken auf uns ein wie edelste Missionare auf Botokuden. Das Fürchterlichste aber sind die schlimmen Mittler. (So könnte Europa, ja die Erde von Kant, d.h. von der Vernunft regiert werden; aber gewisse Mittler haben diese Vernunft schwärmerisch trüb verunreinigt.) Auf der Schule machte ich so gute deutsche Aufsätze, daß ich schlechte Noten bekam, weil die Lehrer annahmen, ich hätte mir vom Privatlehrer helfen lassen. Zumal ich noch dümmer aussehe, als ich bin. (Die meisten sehen so aus, wie sie *nicht* sind.) Erst beim Abiturium feierte ich mit meinem Aufsatz (»Goethes Egmont im Urteil Schillers«) einen wahren Triumph. Das war in Freiburg i.B. Den philosophischen Doktor baute ich in Jena. Mein Examinator war der berühmte Kantianer Otto Liebmann. So berühmt dieser Geheimrat auch war, so hatte er doch von Kant nur einen falschen Schimmer. Kant selbst ist weltberühmt, und dennoch wird er, da seine ungemeine Einzigkeit noch nicht erkannt und gewürdigt ist, geradezu gigantisch unterschätzt. Weltberühmt ist ja mancher (z.B. Jackie Coogan oder Goethe). Kant aber bedeutet die Selbstentdeckung der Intelligenz. Ohne Kant bleibt die werte Menschheit *dumm, häßlich und schlecht*. Sein bisheriger Weltruhm ist noch eine Blasphemie. Das gehört wesentlich in meine Autobiographie: denn mein »Kant für Kinder« (Steegemann, Hannover) ist z.Zt. das wichtigste Buch der Erde. Hier haben Sie den Kant in der Nuß. Und solange ich mit diesem Buch nicht in alle Schulen der Erde eingeführt bin, bleiben Lehrer und Schüler taube Nüsse. Der, der mir diese Überzeugung beibringt, ist nächst Kant der einzige echte, fruchtbare Kantianer, der Geheimrat Ernst Marcus in Essen. Was ich geistig bin, verdanke ich ihm. Und so erschöpft sich meine eigene Bedeutung in der Anerkennung der seinigen, wie die seinige in der Kants. Ich fluche daher herzhaft auf alle übergebührliche Originalität. ...

Unter den deutschen Klassikern rage ich durch meine enorme, geradezu beispiellose und wirklich klassische, fast krankhaft geartete Anspruchslosigkeit himmelhoch empor und verdanke also lediglich mir selber, keineswegs meinem guten Volke, das mich, wenn ich nicht so pathologisch bescheiden wäre, von Herzen gern anerkennen würde, meine sauer erworbene Obskurität, welche so weit geht, daß sich gewiß ein paar Tölpel darüber wundern werden, daß ich, gelegentlich meines Centenariums, daraus (wie die Jungfer aus dem Brautbett) hervorkrieche. Als ich mir nämlich den Ruhm besah, den die Menschen zu vergeben hatten, erschrak ich herzlich. Nehmen wir z. B. den Fall Goethe: man sollte meinen, dieser Mann habe seine Denkmäler bekommen, weil er so berühmt ist. Aber nein! In Wahrheit erhalten solche Leute ihre Denkmäler auf Grund einiger roher Äußerlichkeiten und werden dann erst wegen ihrer Denkmäler berühmt. So würde Goethe seinen Ruhm deshalb verdienen, weil er die Newtonische Farbenlehre radikal widerlegt und als Narrheit erwiesen hat, die Wahrheit gründlich an deren Stelle setzend: er ist aber gerade in diesem Punkte verrufen; berüchtigt, nicht berühmt; berühmt aber wegen solcher Dinge, wie sie heute jeder Werfel oder Hasenclever, ja sogar jeder Pfemfert oder gar Sternheim unvergleichlich ruhmwürdiger leistet, nämlich wegen seiner Iphigenien, Tassos und Fäuste. Während ein gewisses Ei das des Kolumbus heißt, nennt man Amerika nicht nach Kolumbus, sondern nach einem Mann namens Vespucci. Den Heine kennt mein Volk nur durch die Lorelei und verachtet ihn im übrigen als getauften Juden. Mehr noch wurde ich bewogen, auf meinen etwaigen Ruhm zu pfeifen, wenn ich mir die Geister (?) ansah, die ruhmsüchtig auf ihre Verdienste pochten und sich darüber ärgerten, daß man sie nicht anerkannte. Auch die Allereitelsten fand ich bis zur Komik bescheiden. Sagt Horaz von sich selber: »Exegi monumentum aere perennius«, oder Thukydides: »Ktema es aei«, so mag das noch, obgleich es ihnen verdammt wenig hilft, meinetwegen glimpflich hingehen. Wieviel toller schlägt der Pfau seine Räder, sobald man in die neueren Zeiten kommt!

Vor der Alternative also stehend, mich eitler zu brüsten als die anderen deutschen Klassiker oder obskur zu verharren, habe ich das letztere jederzeit gern vorgezogen. Wenn ich scheinbar jetzt selber vor die Rampe trete, um mich meinem Volke, das mich überhaupt gar nicht hervorgeklatscht hat, zu präsentieren: so geschieht es nur deshalb, um nicht besonders aufzufallen. Selbst ganz und gar obskuren Schriftstellern (wie beispielsweise dem Metaphysiker S. Friedlaender) würde es verargt werden, wenn sie nicht anläßlich ihrer Jubiläen ihre Knixe machten oder machen ließen. Für mich gänzlich unbekannten Klassiker muß ich nun schon selber eintreten.

Ich bemerke also sehr geistreich und mit einem unnachahmlich genialen Lächeln in meinen altersschwachen, aber sonst ziemlich edlen Zügen, daß ich mir seit fast einem Jahrhundert große Mühe gebe, mein Volk mit allerhand Strohhalmen in der Nase zu kitzeln, ohne daß es bisher so recht niesen gewollt. Nur neulich hat ein Staatsanwalt dieses Volkes mir die Federpose aus der Hand gerissen. Staatsanwälte im allgemeinen sind wenig geschickt, den Grad von Unsterblichkeit ausfindig zu machen, in dem ihre Opfer gerade stehen. Wer über heilige Dinge vom Allerheiligsten her grinst, wird eben wegen Attentates auf die Heiligen verdonnert. Ich habe vor Jahren bereits, noch während des viel zu berühmten Weltkrieges, aufgefordert, mir ein Reiterstandbild zu setzen. Ich hielt dies für eine monstrose Bescheidenheit, da doch jeder lumpige Kriegsfürst oder Kavallerist eins kriegt. Bis heute ist mein gutmütiges, aber nicht sehr urteilsfähiges Volk nicht zu bewegen gewesen, auch nur einen Platz oder eine Gasse Mynonaplatz respektive -straße zu betiteln. Ob das je anders wird? An meinem Geburtshaus ist nicht einmal ein lumpiges Schildchen angebracht!!! Volk, wie ignorierst du deinen Feinklassiker! Zur Überkompensation ist dieser in seiner Selbsteinschätzung nicht mehr zu übertreffen. Es gibt eben nur *einen* Mynona. Lesen Sie nur *meine* Fabrikate! Sie werden reell bedient werden. — In ausgezeichneter Hochachtung vor mir selber,

Mynona.

III. Kant - Schopenhauer - Nietzsche oder: Friedlaenders Bekenntnis zur philosophischen Tradition

Friedlaender der Philosoph und Mynona der Groteskenschreiber, das ist keine Trennung zwischen Dr. Jekill und Mr. Hyde. Der strenge, asketische Kathederphilosoph, der sich des Nachts aus der Selbstdisziplin entläßt und seinen heimlichen sinnlichen Bedürfnissen hingibt — das ist ein verlockendes Klischee. Zumal in Deutschland läge eine solche Vorstellung nahe, wo — in allen politischen Richtungen und mehr als in anderen Ländern — Ironie, Humor, Satire nicht als zum Herz von Philosophie, Engagement, Tiefgang gehörig verstanden werden, sondern als nette, vergessen-machen-müssende Draufgabe. Auch heute dürfte noch richtig sein, was ein wohlwollender Kritiker 1922 so darlegt: »In jedem andern Land wäre Mynona, der geistig-aufreizende Satiriker, ein philosophisches Problem; in Deutschland kennt man ihn kaum, lacht allenfalls über seine Einfälle und legt ihn zu den Übrigen. In Deutschland endet der Humor beim Humor; an der Grenze steht die Pointe und was darüber hinausgeht, muß allenfalls das Paßvisum des gesunden Menschenverstandes vorweisen.«[1]

Friedlaender und Mynona, das ist ein und dasselbe Programm, nur in verschiedenen Stadien der Umsetzung, mit entsprechend unterschiedlicher Arbeitstechnik. Friedlaender selbst spricht von Probe und Exempel: Da man den »Schlüssel zum Erlebnis Nietzsche verschmähte«, den er in seinem Buch über den Philosophen gegeben hatte, »schloß ich damit unter dem Namen Mynona ein Lachkabinett auf«[2]. In allen Formen schriftstellerischer Aktivität, gleich unter welchem der beiden Namen, geht es Friedlaender/Mynona um das, was er als das Anliegen des grotesken Humoristen so bestimmt: »die Erinnerung an das göttlich geheimnisvolle Urbild des echten Lebens«[3].

Wenn ein namentlich nicht bekannter Kritiker Friedlaender/Mynona den »Chaplin der Philosophie« nennt und der Gewürdigte das durchaus annimmt — »dankesehr! Man hätte Chaplin lieber den Mynona des Films nennen sollen«[4] —, so heißt das nicht, daß Friedlaender die Philosophie als Form lächerlich machen will (sowenig wie Chaplin den Film und Mynona die Groteske). Und wenn vielleicht manchem Betrachter Friedlaenders Versuch, die Philosophie als exakte Wissenschaft zu retten und einen wissenschaftlichen »Kantholizismus« zu begründen, als Groteske erscheint, so dürfte Friedlaender einen solchen Eindruck wahrscheinlich nicht beabsichtigt haben. (Genau weiß das natürlich keiner. Schließlich könnte Friedlaender ja sein ganzes Werk als Satire, Gegenbewegung zum proklamierten Ziel konzipiert haben, als Selbstaufhebung aller Möglichkeiten von Philosophie. Wie sagt der Erzähler in Mynonas *Der blinde Kiebitz*: »Wir schreiben nur noch, um alle bloßen Leser abzuschrecken, damit es bald gar keine Leser mehr gebe! ... Der Zweck der besten Bücher? Erlösung vom Buch.«[5])

Dabei kommt es Friedlaender darauf an, den Grundgedanken seines philosophischen Entwurfes mit den Mitteln strenger Philosophie freizulegen. »Philosophie wirft drei

Fragen auf, die der Mensch bereits auf der Schule beantworten lernen sollte: I. Was sollen wir tun? II. Was dürfen wir hoffen? III. Was können wir wissen?« schreibt Friedlaender nach Kant[6]. Philosophie formuliert und systematisiert für ihn nur, was sich ganz von selbst jedem Menschen unmittelbar stellt: jene Fragen und Antworten, die sich aus dem (scheinhaften, würde Friedlaender sagen) Abfall vom Ganzen ergeben, der das Auftreten des (Selbst-) Bewußtseins unvermeidlich bedeutet. Das ist keine Kathederproblematik oder Priesterlist, sondern Grundsituation: »Wir sind *jetzt* und *hier* und nur *Etwas* und herzzerreißend aufgefordert zu einer ganzen Unendlichkeit und *Allheit* des Erlebens«[7] — aufgefordert durch unsere eigene Struktur, denn der Mensch ist unfähig, in der Trennung zu leben, ohne sich in einem Ganzen (Sinn, Gott…) aufzuheben, und das heißt eben ohne Antwort auf die drei Fragen.

Wie damit umzugehen ist, den Grundgedanken seiner Philosophie, entwickelt Friedlaender vor der Jahrhundertwende. Mehr oder minder deutlich bringt er ihn in den nicht-literarischen frühen Schriften schon vor: in der 1902 veröffentlichten Dissertation, die das Verhältnis Schopenhauer-Kant behandelt; in seinem Buch über Julius Robert Mayer 1905; in seinem Schopenhauer-Brevier und in den beiden Bänden *Logik* und *Psychologie* im Rahmen der Reihe *Hilgers Illustrierte Volksbücher* 1907; in der »intellektualen Biographie« *Friedrich Nietzsche* 1911 und in verschiedenen Zeitschriftenaufsätzen. Die ausgereifte, scharfe Fassung des philosophischen Grundgedankens erscheint 1918 unter dem Titel *Schöpferische Indifferenz*. 1924 veröffentlicht Friedlaender *Kant für Kinder. Fragelehrbuch zum sittlichen Unterricht*, 1930 eine Schrift über den

Philosophen Ernst Marcus, 1932 das Fragelehrbuch *Kant gegen Einstein*; von 1910 an erscheinen überdies einige Texte, die, obwohl sie literarische Stücke, Grotesken zu sein scheinen, seine Philosophie lehrbuchartig vorbringen. Ab Mitte der zwanziger Jahre unterzieht Friedlaender sein Konzept einer, im Kantschen Sinne, kritischen Revision — ohne allerdings so viel zu ändern, wie er zuweilen behauptet. Daraus entsteht in den dreißiger Jahren *Das magische Ich*, das zweite Hauptwerk Friedlaenders — es ist bis heute unveröffentlicht.

Polarismus, Theorie der schöpferischen Indifferenz, Kritischer Polarismus, wie immer Friedlaender seine Philosophie bezeichnet, ihr Hauptgedanke ist nicht ohne Verbindung zur philosophischen Tradition entwickelt. Es ist ohne große Mühe möglich, in vielem Schelling, Talmud-Kommentatoren, Fichte, Spinoza, jüdische und christliche Mystiker, Pascal, Gnostiker ... sie alle und noch ganz andere wiederzuerkennen: das heißt versteckte Einflüsse zu finden oder Parallelen oder Neuformulierungen alter Theoreme. Friedlaender selbst weist auf Kant hin, auf Goethe, Jean Paul, Schopenhauer, Nietzsche, aber auf kaum einen anderen Theoretiker. Wichtiger an dieser Stelle ist etwas anderes: Friedlaender entwickelt seine Theorie unter dem Eindruck, mit Kant und Schopenhauer, vor allem aber mit Nietzsche stehe die Philosophie als Form in Frage, wenn nicht schon unter dem starken Verdacht, am Ende zu sein. Es drängt sich ihm die Frage auf, ob die entscheidenden Fragen: Woran können wir uns halten? Was sollen wir tun? — mit Mitteln der Philosophie überhaupt beantwortbar und damit letztlich auch stellbar sind.

Friedlaender ist nicht der einzige, dem sich dieses Problem aufgibt, in seiner frühen Zeit liegt auch der Anfang jener grundlegenden Wandlung, die die Stellung der Philosophie als theoretische Disziplin — nicht unbedingt die Bedeutung der Fragen, die sie zu lösen sucht — mittlerweile erfahren hat. Allerdings sind es, wenn wir uns auf die innerphilosophische Entwicklung beschränken, weniger Kant und Schopenhauer, die das Selbstverständnis der philosophischen Theoretiker erschüttern: Kant wird, nachdem er lange Jahre im Schatten der Hegelianer verschiedener Richtung stand, um die Jahrhundertwende zwar wieder wahrgenommen, aber keineswegs als Zerstörer oder Befreier; Schopenhauer wird in jener Zeit mehr als Kulturkritiker und Mann starker Sprüche und als der irrationalistisch-pessimistische Philosoph der Romantik beachtet denn als radikaler Erkenntnistheoretiker. Daß Nietzsche eine Revolution bedeutet, wird hingegen, wiewohl er durchaus sehr unterschiedlich aufgenommen wird, sehr bald großen Teilen des Geistesschaffertums deutlich.

Friedlaenders Ausweg, sein Versuch, Philosophie als »Autobiographie der Welt« zu verstehen und zu betreiben, ist aus dem Zweifel an der Bedeutung der Philosophie heraus zu begreifen. Was er entwickelt, ist eine prometheische Wendung jenes Endes der Metaphysik, das er heraufziehen sieht: Seine Weise, damit umzugehen, ist, dieses Ende als Freisetzung der echten menschlichen Schöpferkraft und der Bedingung der Möglichkeit beweisbarer Antworten, einer Philosophie als Vernunftwissenschaft zu interpretieren.

Was im einzelnen das heißen mag, wird vielleicht später deutlich werden. In diesem Abschnitt geht es um die Weise, in der Friedlaender an Kant, Schopenhauer und Nietzsche anknüpft. Diese drei philosophischen Theoretiker bilden explizit den großen Bezug Friedlaenders, tauchen bis in seine letzten Schriften hinein immer wieder auf (in wechselnder Rangordnung: erst geht von Schopenhauer der größte Einfluß aus, dann wird Nietzsche bevorzugt, schließlich ist Kant übermächtig), und Friedlaender entwickelt seine Theorie, indem er den einen aus der Sicht des anderen liest.

»Die *praktische Vernunft* Kants, der *Wille* Schopenhauers, das *Leben*, diese dionysische Macht Nietzsches — allen drei Prinzipien gemeinsam ist das Wegweisen vom Theoretischen auf das praktisch-sittlich Empirische. (...) Kant hatte die metaphysische Theorie durch seine Kritik vernichtet; Schopenhauer verflüchtigte durch pessimistische Kritik die übriggebliebene metaphysische *Praxis* zur metaphysischen Verneinung aller Praxis, geschweige der Theorie: Schopenhauer hinterläßt ein *metaphysisches* Nichts!«[8] »Nietzsche setzte an die Stelle der Kantischen Vernunft den göttlichen Experimentator und Abenteurer, die ursprüngliche Freiheit des Geistes«[9]; Nietzsche »er- und verlangt von der Moral die Ehrfurcht vor der nackten Wirklichkeit — und sei dieses die Ehrfurcht Gottes vor dem Teufel.«[10]

Das eben ist für Friedlaender Aufhebung der Metaphysik: das Ende jedes unkritischen (das heißt vorkantischen) Wissens, des Wissens um eine objektive Außenwelt, Moral, Ich, und die Freigabe des Eingedenkens an die Selbstgewißheit, den letzten, unbeweisbaren Punkt — eben darum das Absolutum: »Das eigene Selbst ist das einzige ›Metaphysische‹, ähnlich hinter der Welt wie das Zentrum hinter der Kugel; Mitte aller Mitten, welche die Welt erst zentriert.«[11] Damit ist der Maßstab gegeben, unter dem die Philosophien verstanden und gewertet werden: nach ihrem Beitrag zur Auflösung der überkommenen Spaltung in

Subjekt und Objekt durch Rückgang auf das von aller Differenz freie Absolute *und* durch Entwicklung (nicht Preisgabe) alles Relativen (Differenzierten, Bedingten, der Welt) von ihm aus. Dieses Kriterium gilt auch für die Theorien der drei Philosophen, die mit ihren Entdeckungen überhaupt erst eine Aufhebung der Spaltung möglich gemacht haben: Kant-Schopenhauer-Nietzsche. Das Wesentliche daran heißt für Friedlaender: Selbstentdeckung des autonomen Ich — Selbstentdeckung der Identität als Form — Selbstentdeckung des konkret Identischen.

Kant ist der Philosoph der kopernikanischen Wende, der, indem er als erster das Verhältnis des Erkenntnisvermögens zum Erkenntnisgegenstand in eine wahre Theorie faßt, den Weg zum ungeteilten (integral individualisierten) Ich freilegt. Kant erbringt den Nachweis, daß alle Erkenntnis mit Erfahrung zwar anhebt, ihr aber darum durchaus nicht entspringt, sondern alles Erkennen wie auch alles Denken unter den unüberschreitbaren Formen der Erkenntnis bzw. des Denkens steht. Wir können von den Bedingungen, unter denen wir etwas überhaupt nur wahrnehmen oder denken können: daß es sich nämlich in die Formen (Zeit, Raum, Kausalität…) fügt, nicht absehen, weil wir sonst überhaupt nichts erkennen und denken würden. Jeder Versuch, Dinge, Welt zu denken und zu erkennen, wie sie an sich, ohne uns sind, muß daran scheitern, daß wir es sind, die sie als solche denken, womit sie durch uns, durch die Gesetze unseres Vermögens bedingt sind. Die sogenannte Wirklichkeit ist also nichts anderes als die Organisation, die wir den Dingen (der Materie, dem Empfindungschaos oder wie immer es genannt werden mag) geben müssen, damit sie für uns überhaupt existent sind.

Diese Entdeckung Kants nun begreift Friedlaender nicht etwa als Aufhebung des Wissens, um zum Glauben Platz zu bekommen (wie Kant selbst es offiziös nennt), oder als Nachweis der unüberwindlichen, tragisch zu nennenden Absperrung des je Einzelnen von Welt (von Du, Sinn, Gott…). Vielmehr bedeutet Kant für Friedlaender: Selbstentdeckung der Intelligenz, Herausarbeitung des Geistes als alleiniger Gesetzgeber, Entdeckung, daß das Selbst Schöpfer ist und als solcher immer wieder zu sich gelangen muß.

Schopenhauer ist in Friedlaenders Verständnis der ultraradikale Vollender Kants. Er konstituiert als erster Theoretiker Identität systematisch, indem er all das, was bei Kant noch als vom Selbst abgetrennte Instanz und damit nicht Teil des Identischen erscheint, als Gegenüber zerstört. Das trifft vor allem die Moral, die bei Kant theoretisch ins Reich des Apriori verwiesen wird, praktisch aber als Forderung, Sollen, Orientierungsmarge gehandhabt wird und damit — wie jede Ethik — Heteronomie begründet. Schopenhauer hebt diese Instanzen als Gegenüber auf und begreift sie zusammen mit dem gesamten Leben als Erscheinung eines immanenten Prinzips, des Willens (der als Quasi-Ding-an-sich nur in unmittelbarer Selbsterkenntnis zu fassen ist — soweit er überhaupt zu fassen ist).

Nietzsche gewinnt das in Kant zurück, was Schopenhauer in zu großer Radikalität streicht. Indem er das in sich identische Ganze nicht in Abkehrung von jener Welt sucht, die für Schopenhauer Vorstellung ist, dadurch konstituiert er Alles und Nichts als Eines: Er hebt die neue, künstliche Separierung des immanenten Prinzips von einem Rest, die Abtrennung des Willens von seiner Erscheinung auf und bringt Willen und Leben zur Deckung. Nun erst gibt es kein Außen mehr, sind Ja und Nein gleich gültig, können Sonderungen, Wege, Individualitäten als nichts anderes denn Funken oder Zusammenziehung (und nicht als Realteilung) des Ganzen begriffen werden. In Nietzsche erst wird das gesamte Leben als in sich identisches Prinzip erobert, das heißt jede Trennung zum Selbstunterschied ernannt.

An dieser Stelle taucht vielleicht die Frage auf, aus welchem Grund Friedlaender an Kant anknüpft und dann an Schopenhauer und Nietzsche, anstatt von Berkeley auszugehen, der die Unmöglichkeit eines außerhalb von Wahrnehmung stehenden Seins begründet; oder von Fichtes Versuch, die einheitliche Voraussetzung der Kantschen Kritiken, das Unbedingte im Ich und in allen seinen Aktionen herauszuarbeiten — Lösungsversuche, auf die Friedlaender nicht einmal eingeht. Die Antwort ist wohl in der philosophischen Intention Friedlaenders zu suchen: das in sich Ungeschiedene will er freilegen, ohne aber die Differenzen zu vernichten. Die Vollgültigkeit der Welt, der Sinn der Unterschiede, darf ihm nicht in Gefahr kommen, und auch die prometheische Funktion des Selbst muß gesichert sein, das heißt: es muß etwas geben, das für das Selbst — nach dessen a priori stehenden Gesetzen zwar nur, aber immerhin — erst noch zu unterwerfen ist. Deshalb dürfte Friedlaender die Aufgabe, Kants »Apriorismus um ein erstes und letztes (zu) ergänzen«[12], nicht explizit über Schelling und Fichte durchführen; deshalb auch dürfte er (wie Kant selbst) jede berkeleysche Lesart Kants (wie sie etwa Schopenhauer pflegt) ablehnen, dürfte er die Existenz einer von aller Erkenntnis unabhängigen (durch Erkenntnis nur sinnvoll gemachten) Realität, einer formlosen Materie behaupten, wenn nicht gar als beweisbar erklären. Es ist hier nicht weiter interessant, ob Friedlaender den Gefahren auch mit Berkeley, Fichte oder Schelling hätte entgehen können. Und es wird später noch deutlich werden, in welche Probleme Friedlaender sich mit seinem Versuch verstrickt, Apriori zu beweisen, also dasjenige zum Objekt der Erkenntnis zu machen, was die Bedingung von Erkenntnis ist. Wichtig ist hier, daß Friedlaender der Meinung gewesen zu sein scheint, sein Beharren auf der Existenz einer beweisbaren (Außen-)Welt sichere die von ihm vorgenommene Bestimmung des Relativen als Produkt des Absoluten, der Welt als Teil des Ganzen und nicht als dessen Gegensatz oder als Schein.

Diese seine Bestimmung glaubt er auch gegen Schopenhauer durchsetzen zu müssen. Und das ist der Punkt, der weiter oben angesprochen ist: Friedlaender konstituiert sich seine Konzeption, indem er in einer Weise an Kant, Schopenhauer und Nietzsche anknüpft, zu der die Lektüre des einen aus der Perspektive des anderen gehört. Schopenhauer faßt Kant tatsächlich berkeleyisch auf, sagt selbst in seinem Hauptwerk, die Welt »ist, wie einerseits durch und durch *Vorstellung*, so andererseits durch und durch *Wille*. Eine Realität aber, die keines von Beiden wäre, sondern ein Objekt an sich (...), ist ein erträumtes Unding«[13]. Friedlaender nun kritisiert Schopenhauer, weil der die richtige Absicht, den Willen — und damit etwas, was dem Friedlaenderschen Selbst nahekommt — als von aller Differenz frei zu konstituieren, falsch umsetzt: indem er die Mitte extrem, als lebensverneinend (so versteht Friedlaender Schopenhauers Perspektive, die Selbstaufhebung des Willens) setzt, die (von Kant entzauberte) Welt der Vorstellung als Absperrung vom Wesentlichen begreift und sich ins vorstellungsfreie Selbst resigniert.

Kant wiederum macht dem »Wissen ein Ende, um zum *Leben* Platz zu bekommen«[14]. Aber Kant ist dabei nicht radikal genug: Indem er nämlich Vernunft, Logik, Ethik als Übernatur konstituiert und dem Leben als Disziplinierungsinstrument entgegensetzt, räumt er mit der metaphysischen Spaltung nicht vollständig auf. (Der späte Friedlaender wird das, indem er die Kantsche Vernunft mit dem Friedlaenderschen Selbst identifiziert, etwas anders sehen.) Kant läßt Ich und Welt noch halb unerlöst, indem er die Macht des noumenalen Ich gegenüber den Phänomenen unterschätzt: seine Fähigkeit, aus einer Bedingung zum aktiv tätigen Beherrscher zu werden.

Nietzsche schließlich begeht den Fehler, den Entschluß zum ungeteilten Ja-und-Amen, zum Alles-und-Nichts als rauschhaften Aufschwung zu einer fremden, vom Handelnden eigentlich abgeteilten Unendlichkeit zu begreifen, als willkürlichen Kraftakt statt als Aktion des Unendlichen selbst. Für Nietzsche gehört der Entschluß selbst nicht zu jenem Alles-in-Allem, das im Selbst indifferenziert und als Welt differenziert vorliegt. Nietzsche fordert Identität, aber weder führt er sie theoretisch durch noch lebt er sie nüchtern.

Kant-Schopenhauer-Nietzsche also, aber: »Kant hätte vom ›Ding an sich‹ persönlich ausgehen sollen. Schopenhauer, der es wirklich tat, hätte es dionysisch anstatt christlich tun sollen. Und Nietzsche endlich, der es dionysisch tat, hätte seinen persönlichen Dionysismus polar objektivieren sollen gleich Goethe, aber mit einem ungleich freieren Subjekt als Goethe.«[15] Und das ist schon ganz auf Friedlaenders Lösung zugeschnitten: auf die Konstitution der »eigenen Schöpferkraft«, die »durch Kant diplomatisiert, durch Schopenhauer indisch sekretiert, erst durch

Nietzsche proklamiert«[16] wird; besser gesagt, da die Kraft für Friedlaender nicht vom Schöpfer abzutrennen ist: auf die Konstitution des Selbst als Weltmittelpunkt und der Welt als Selbstunterschied, Unterschied des Selbst durch sich in sich.

IV. Literatur, Glaube, Strategie oder: Probleme der Philosophie nach Nietzsche

Das »metaphysische Nichts« als »schöpferisches Nichts« zu deuten, dürfte Friedlaender ein wenig Anstrengung gekostet haben. Die Lösung ist zwar nicht gar so weit hergeholt: Wenn alles zweifelhaft ist, warum dann nicht in den Punkt eingehen, der die Bedingung des Zweifels ist; und wenn es schon ohne mich nichts gibt für mich, warum soll ich mich da nicht gleich zum Schöpfer erheben? Und es mag einem Menschen auch Ruhe spenden, wenn er sich nicht mehr um die Annäherung an einen über ihm stehenden, von den Aktionen des Selbst abgetrennten Sinn und die Verwirklichung fremdauferlegter Forderungen bemühen muß: »Die Fliege, die mit einem Beinchen in die Tinte geraten, einen Strich hinter sich herzieht, ist gleichzuachten dem herrlichen Schriftsteller, der vermeint, seine Skripturen hätten ›Sinn‹. Oh Hochmut des Geistes! Oh Demut der Fliege!«[1] Und vielleicht liegt ebensoviel Anlaß zur Heiterkeit wie zur Betrübnis darin, wenn es nur mehr um die Freilegung jener Identität gehen kann, die Friedlaender spät, 1937, so faßt: »Meine Philosophie ist gar keine Philosophie mehr, sondern das Leben selber.«[2]

Aber Friedlaender genügt es nicht, Denkunmöglichkeiten zu konstatieren, stehenzubleiben dabei, daß »eigentlich sich weder das subjektiv noch das objektiv Identische fassen« läßt³. Es erscheint ihm nicht ausreichend, auf (logisch-sprachlich) unfaßbare Selbstgewißheiten zu deuten und eine Philosophie zu entwerfen, die sich als Hilfskonstruktion versteht: gleichwertig anderen Strategien, nur als Wenn-Dann-Relation, allein hypothetisch und nicht fundamental begründbar. Friedlaender will ganz etwas anderes, er will ein System: »Philosophie ist nichts, wenn sie nicht ein System (objektiv weltumfassend) ist. Alle rhapsodische Philosophie von Montaigne bis Stirner ist keine Philosophie, sondern planloses Räsonnieren (Vernünfteln), seichtes Geschwätz, haltloses, verworrenes Phantasieren (euphemistisch: Schwärmen)«⁴, zitiert er seinen großen Lehrer in Sachen Kant (Ernst Marcus, 1856-1928, Verfasser zahlreicher Schriften über Kant, Philosoph mit dem Ziel, Kants Lehre zu dynamisieren, zu erklären und anzuwenden, von der akademischen Kantforschung und den freischwebenden Theoretikern fast völlig ignoriert; Marcus' Ausführungen zu Kant werden von Friedlaender oft wörtlich übernommen, und Mynona bezeichnet sich als »geistigen Verkehrsschutzmann im Auftrage von Ernst Marcus«⁵). Solche Philosophie will »Wissenschaft sein, sucht daher die Wahrheit«. Und was Wahrheit anbetrifft: »Die wahre Theorie muß als die *einzige* Möglichkeit einer natürlichen Erklärung aller Erkenntnisphänomene erkennbar sein.«⁶

Das ist nun schon weniger naheliegend, vielleicht sogar einzigartig unter jenen, die Kant, Schopenhauer und Nietzsche so weit folgen wie Friedlaender. Es heißt ja nichts weiter als behaupten, die Fragen: Woran kann ich mich halten? Was soll ich tun? – seien mit allgemein gültigen, unbedingt richtigen Kategorien bzw. Maximen zu beantworten. Also gerade das zu tun, was »der« Philosophie des 20. Jahrhunderts fragwürdig, wenn nicht unmöglich geworden ist, der Philosophie nach Kant, Schopenhauer, Nietzsche, nach dem Sieg des bürgerlichen Prinzips in der Gesellschaft, nach dem Ersten Weltkrieg, nach Auschwitz und nach all dem, was sonst die Erschütterung bewirkt haben mag. Natürlich steht Friedlaender mit seiner Behauptung, die, wäre sie richtig — in der Konsequenz und von ihm nicht eingestanden —, eine Rettung der Metaphysik bedeutete, nicht allein. Erschüttert ist ja nur die Position der Philosophie als theoretischer Disziplin: soweit, daß sie selbst ihrem Anspruch nach immer weniger als Lehrerin und Fundamentlegerin auftritt, dafür mehr und mehr als Verwalterin von Philosophiegeschichte (an den Universitäten), Ausputzer »der Wissenschaft« (Behandlung übergreifender Fragen) und als besondere Sparte innerhalb Lifestyling und Marketingstrategien (Ethik als Verkaufsfaktor in Politik, Werbung, managerialer Menschenführung). Erschüttert ist außerdem das alte Selbstverständnis der Radikalen, das heißt der schreibenden, lesenden und sonstwie praktizierenden Ex- oder Noch-Immer-Sucher, die spüren, daß es für sie nun keine Antworten und Fragen mehr geben kann.

Hingegen ist das Bedürfnis nach metaphysisch abgeleiteten Antworten, das heißt nach sicherem Halt und unbedingten Handlungsleitlinien, unter den Menschen nur wenig geringer geworden, und damit auch das Angebot. Eine genügende Zahl philosophischer Theoretiker hat sich bald schon nach Nietzsche letztlich unbeeindruckt gezeigt (zum Beispiel Nicolai Hartmann), drohende Radikalismen abgewendet (die Neokantianer) oder zum Fenster hereingeholt, was eigenhändig zur Tür herausgeworfen worden war (Scheler, Husserl, teils Heidegger). Neue gesellschaftliche Strömungen haben neue metaphysische Sicherheiten (meist unter dem Anspruch, nicht metaphysisch zu sein) herbeigefunden, etwa in Form des Dialektischen Materialismus (so wie er in den kommunistischen und sozialistischen Massenparteien lebte und lebt) oder verschiedener humanistischer, vitalistischer und technokratisch-rationaler Ideologien. Und die große Menge Privatphilosophien und Privatreligionen, wie die Fachleute sie etwas abschätzig nennen und deren Bedeutung meist unterschätzt wird, ist dabei noch gar nicht genannt.

Wenig üblich hingegen ist, den Weg auf eine Weise zurück zu nehmen, wie Friedlaender es tut, der sich übrigens in seinen Ansprüchen und Selbstbezeichnungen (»Altkantianer«) ganz offen zur Rückwendung bekennt. Kant, Schopenhauer und Nietzsche werden ihm zu Vehikeln, das Wesen hinter der Wirklichkeit zu entdecken und massiv gegen die »Allerweltszweifelei« zu setzen, mit den alten Ansprüchen der Philosophie diese selbst zu retten, sich einen festen Maßstab fürs Handeln zu sichern und den philosophischen Diskurs (um das Modewort ein zweites Mal im Text zu haben) als Form zu nutzen.

Es ist aber die Frage, ob Allerweltszweifelei, Willkür oder Verzweiflung die einzigen Alternativen zur Rückwendung in Metaphysik und Philosophie mit klassischem Anspruch sind. Friedlaender hätte von der Stelle aus, an der er sich befand, durchaus einen anderen Weg nehmen können. Er hätte wie Wittgenstein vorgehen und feststellen können, daß die entscheidenden Fragen des Lebens mit den Mitteln der Philosophie, ja überhaupt mit begrifflichen und sprachlichen Mitteln nicht lösbar sind (das ist Wittgensteins Ergebnis, nicht das Ziel, das er vorderhand deklariert — im Gegenteil, er wollte ja die Ordnung der Welt aufdecken). Das hieße, die Grenzen zum Entscheidenden markieren — und dann Philosophie als Gymnastik, Denkspiel betreiben und allenfalls noch versuchen, sich dem Entscheidenden mit anderen Mitteln (den klassischen der Mystik) zu nähern. Möglich ist auch, sich wie Sartre auf die Herausarbeitung der Grundsituation zu konzentrieren (was Sartre daran vor allem durch seine eigenen Optionen in der Gesellschaft anschließt, gehört wesentlich weder zu seiner Philosophie noch ist es die notwendige Konsequenz aus ihr); oder wie Jaspers Philosophie als appellative Darlegung der Möglichkeiten der Existenz aus Glaubensgewißheit (und nicht aus aufgedeckter Wahrheit) heraus zu gestalten; oder wie die Neopositivisten spezifisch philosophische Erkenntnis zu Gunsten von Tatsachen, die sich empirischen Methoden fügen, und mathematischen und linguistischen Problemen aufzugeben. Oder man (pardon, nicht man, einer wie Heidegger kann) ein — als solches nicht deklariertes — literarisches Werk schaffen, das als Philosophie gehandelt wird. (»Er prügelt, er rüttelt. Aber dann: er sagt nichts, — er lehrt keine Operationen, — er entwirft keine Vision, — er führt in das Chaos in den Formen einer geordneten, sorgfältig gebauten Sprache, — die als Sprache allein der letzte Halt und Leitfaden ist«, sagt Jaspers sehr schön über Heidegger[7]. Wobei sich dem hinzufügen ließe, daß ein solcher Bluff der Moderne und der Postmoderne angemessen ist, und daß Heideggers Formalismus nicht formvollendet ist, da Heidegger immer noch mit Eigentlichkeit — und eine solche liegt immer außerhalb, ist stets etwas anderes als Form — hantiert.)

Aber das alles sind Wege, die, so hilfreich und großartig vieles ist, was auf ihnen entwickelt wird, schon sehr darauf deuten, daß Philosophie als theoretische Disziplin sich selbst aufgibt, das heißt: in unseren Tagen nur als Glaube, Einzelwissenschaft und Literatur glaubhaft ist — glaubhaft teils für sich selbst, zu einem gewissen Grad wohl auch in der sogenannten Öffentlichkeit, jedenfalls für Menschen, die die traditionellen Versprechungen der Philosophie auf ihre Einlösbarkeit prüfen. Das ist der Unterschied zu früheren Zeiten: Philosophie mag nie etwas anderes gewesen sein (bei manchen Sophisten klingt das an, bei einigen Mystikern, bei Epikur und allen, deren System keine Ethik aufweist), aber erst seit Nietzsche, vielleicht etwas später noch, ist wohl hinreichend herausgearbeitet, daß Philosophie gar nichts anderes sein kann als, um fast mit Wittgenstein zu sprechen: Beulen, die sich der Verstand beim Anrennen holt; um es freundlicher auszudrücken: Schwimmwesten und Schwimmtechniken. Mit anderem Anspruch auftreten kann Philosophie selbstverständlich auch heute noch, und offenkundig wird sie auch millionenfach anders gehandhabt. Ihr Pathos aber ist angeschlagen, und im theoretischen Sinn kann sich ein Aufrechterhalten des alten Anspruchs nur als ein Rückschritt hinter jenen Aufweis der Bedingung der Möglichkeit von Philosophie gestalten, der zu dem Ergebnis führt: Philosophie kann heute nur als Glaube und als Literatur auftreten, und höchstens noch als Herausarbeitung der um die Begriffe Erkenntnistheorie, Existenzerhellung, Identität gruppierten Probleme, soweit andere Disziplinen die nicht behandeln. Sie kann aber nichts mehr fordern und nichts mehr begründen. Sie kann Systeme (Aussagen, Lebensweisen) nur mehr als Formen ohne appellativen Charakter konstituieren, als Aussagen über Relationen, als hypothetische Imperative nach der Art: Wenn ich/Du da hin will/st, ist es in meinem/deinem Fall wahrscheinlich das beste, das und das zu tun.

Friedlaender hat das nicht anerkannt, ist nicht in diese Richtung gegangen, hat seinen Ansatz, die Identitätsphilosophie, nicht radikal durchgeführt. Er hat im Gegenteil sogar einen Rückgriff in das getan, was im 20. Jahrhundert vielen wie ein Zauberladen erscheint (als ob heute weniger gezaubert würde und als ob sich nicht gerade in der alten Philosophie das Material zur Aufhebung ihrer selbst fände). So fällt es nicht schwer, Friedlaenders Philosophie von ihren Ansprüchen her mit Worten zu belegen, die Friedlaender für Ernst Bloch findet: »nach Nietzsche nur noch hochkomisch«[8]; und festzustellen, daß Friedlaender mit seiner Philosophie gescheitert ist — was im übrigen nicht Wertung sein sollte, sondern Voraussetzung: Welche Philosophie wäre als theoretisches Konzept nicht gescheitert? Aber möglich ist auch, Friedlaender nicht unter seinem eigenen Maßstab zu lesen, sondern Impulse aus seiner Durchführung aufzunehmen, etwa aus der Polaritätslehre oder aus dem Versuch, Nietzsches Konzeption auf die vielleicht einzig gangbare Weise, nämlich spielerisch durchzuführen. In einem jedenfalls zieht Friedlaender sehr radikal die Konsequenz: indem er die Unmöglichkeit eines dualen Systems, jeder Außenwendung, jeder Orientierung an Instanzen (Gott oder Materie oder Moral oder Entwicklungsgesetz oder was auch immer) konstatiert und Lösung in der inwendigen Vermittlung alles Differenten sucht.

Im übrigen ist gar nicht sicher, daß Friedlaender uns oder sich nicht mit seiner offiziösen Bestimmung seiner Philosophie übers Ohr haut. »Ich definiere den sinnendsten Sinn, den philosophischen«, heißt es an einer Stelle nämlich, »als den Sinn für die Tatsache seiner eigenen Unmöglichkeit, seiner ganz und gar zauberhaften, magischen, wunderbaren, abenteuerlichen ›Selbstverständlichkeit‹ und Verwirklichung.«[9] Und immer wieder betont Friedlaender, daß ohne den freien Entschluß zur eigenen Freiheit, zum eigenen Schöpfertum, zu Halt und Maxime überhaupt nichts geht, kein Selbst also von selbst ist und kein Halt an sich. Vielleicht also ist seine Theorie als Als-ob-Philosophie zu verstehen, als das, was Hans Vaihinger systematisch darlegt und Friedlaender zumindest in seiner späteren Zeit (selbstvergessen?) entschieden bekämpft; als eine Philosophie also, die der Leitlinie folgt: Alles ist unerkennbar und unergründbar, ohne Sicherheiten kann aber niemand leben, also tue ich am besten, als ob das, was mir den besten Halt zu sichern scheint oder woran ich mich gewöhnt habe oder woran ein jeder zu glauben gezwungen ist, für voll zu nehmen ist. »Teleologie ist die Krönung der Ontologie«, heißt es jedenfalls bei Friedlaender[10], und: »Das Leben (...) wird ein Gespenst, wenn es den irrtümlichen Sinn, den es verloren hat, durch keinen neuen ersetzen kann.«[11] Was später als Absolutum gilt, wird zunächst nicht als solches entwickelt, sondern als Heilmittel vorgeschlagen, also eingestandenermaßen als Setzung: »Warum sollte man nicht mindestens in Gedanken — logisch — die monstrose Pathologie unseres Lebens ausheilen? Man imaginiere die eigene Göttlichkeit! Man verwandle sich in die Unendlichkeit, in die Unerschöpflichkeit selber, erlebe das Leben über alle Grenzen hinaus, gerate in denjenigen Zustand, welcher doch vorangehen müßte, damit man vom empirischen, worin man sich befindet, zur Philosophie motiviert werde«[12].

Probleme, die sich aus solchen Ausführungen ergeben, Fragen nach dem Charakter der Philosophie Friedlaenders, nach dem Sinn der Widersprüche (die im übrigen nicht das in philosophischen Systemen übliche Maß überschreiten) in seinen Ausführungen, werden vielleicht später einmal erhellt werden. Es sei jedoch schon jetzt, vor weiteren Ergebnissen und vor der Darlegung der materialen Ausgestaltung der Friedlaenderschen Philosophie darauf hingewiesen, daß es nicht sehr weit führt, alle problematischen, unverständlichen oder anscheinend bizarren Punkte der Friedlaenderschen Theorie in einen Zusammenhang mit der angeblichen Schalksnatur ihres Autors zu bringen oder gar als Beleg für die These zu werten, Friedlaender habe Philosophie vorsätzlich als humoristisches Unternehmen, wenn nicht Groteske betrieben. Denn nicht nur ist eine solche These nicht beweisbar, vielmehr ist es so, daß Satire, Humor, Groteske — ob als Literatur oder in Form von Philosophie auftretend — einen Maßstab braucht, an dem gemessen etwas nicht ernst zu nehmen oder verzerrt ist. So hat Friedlaender es verstanden: »Eigene Göttlichkeit, in den Alltag gehalten, richtet in ihm zunächst ihre humoristische Verheerung an. Der Humorist ist der Hofnarr Gottes. Der allzumenschliche Alltag ist die pathologisch unfreiwillige, der humoristische Alltag die göttlich freiwillige Verrenkung der Welt, ein diviner Luxus.«[13] Und wer sagt, daß diese Definition (oder das Darunterliegende) nicht humoristisch gemeint ist? Das sagt uns Friedlaender selbst — sofern wir glauben, daß er sein Theorem ernst nahm, nach dem nicht alles relativ sein kann, weil es einen Maßstab geben muß, an dem gemessen etwas relativ ist.

V. Schöpferisches Nichts
   oder: Friedlaenders Weg

Selbst

»Mit dem Öl der eigenen Individualität besänftigt man die aufgeregtesten Wogen«, sagt Friedlaender[1], und wo er »man« sagt, meint er sich selbst, seine eigene Philosophie. Ruhig kann er werden, denn im Selbst findet, oder auch: setzt er das Absolute an. Und damit geht er einen ganz anderen Weg als die vielen, für die nach Kant, Schopenhauer, Nietzsche nur noch Glaube möglich ist oder Resignation oder Verzweiflung; denen eine Welt, in der der Mensch zu keinem An-sich kommen kann, kaum noch als Spielerei reizvoll ist, jedenfalls keinen Halt bieten kann und keinen Sinn macht; für die Vorstellung, Moral, Meinung, Bewußtsein, sofern sie nur als willkürlicher Abfall vom Ganzen oder beliebige Stoffkonzentrate oder Hilfsmittel des Alles-und-Nichts zu begreifen sind, nur den Weg in die Resignation (und sei es in Form von Raserei) übriglassen. Für Friedlaender hingegen ist mit Kants kopernikanischer Wende sowie Schopenhauers und Nietzsches anschließenden Unternehmungen Unsicherheit nicht tragisch beseitigt, für ihn ist es kein in sich isoliertes Individuum, was nach den Aktionen der drei übrigbleibt, und er sieht ihre Tat auch nicht als Mittel an, um den Glauben an einen christlich oder jüdisch-religiös verstandenen Gott als einzige Möglichkeit des Halts nachzuweisen.

Kant bedeutet für Friedlaender wesentlich die Selbstentdeckung Gottes: der Sonne Ich (Selbst, Person, Individualität), die alles Drumherum, vom Menschen bis zur Natur, als Trabanten kreisen läßt. Es ist eine prometheische Wendung der Kantschen Theorie, die Friedlaender vornimmt, und die bahnt sich schon bei Ernst Marcus an: »Es drängt sich nämlich entweder die Erwägung auf, daß Kant der Unendlichkeit des Raumes und der Zeit die Erhabenheit *nahm*, oder man denkt umgekehrt, daß Kant der Seele des Menschen eine niemals erträumte Erhabenheit *verlieh*, indem er ihr unendliche Anschauungsformen zusprach, die die ganze Welt tragen. Man frage sie, ob dadurch, daß Zeit und Raum dem *Leben* beigesellt werden, ihre Erhabenheit vermehrt oder vermindert wird. Was ist eine Welt ohne das Leben?«[2] Friedlaender formuliert es durch den Erzähler in Mynonas Phantasiestück *Der Schöpfer* so: »Das Subjekt objektiviert sich im Handumdrehen – nicht nur in flüchtigen Phänomenen, sondern durchaus in allem. Nicht weniger Respekt daher vor Objekten, welche sich unverkennbar dem Subjekt verdanken; sondern den gewaltigsten Respekt vor dem Subjekte, welches auch da noch schöpferisch ist, wo es nur zu konstatieren glaubt.«[3] Kants Apriori ist hier nicht als Absperrung (des Subjekts von den Dingen) verstanden, sondern als Gestaltungsprinzip des Schöpfers, der in ihm verborgen liegt, eines Schöpfers, der »subjektiv«, wie Friedlaender es nennt, nicht objektiv, also nicht als Agent anderer Mächte oder Gegenüber (Gott, Materie usw.) gefaßt wird. Das Kantsche: »Ich mußte also das Wissen aufheben, um zum Glauben Platz zu bekommen«, erfährt eine Innenwendung, sodaß das sich und alles bedingende Einheitsprinzip als eine Identität herausgearbeitet ist, die das Ich einschließt, und jede Fremdheit unmöglich wird. »Füllt man die von Kant für Gott leer gelassene Lücke weder mit Plus noch mit Minus, sondern mit der eignen göttlich neutralen Person, mit dem schöpferischen Neutrum im Innern aus, so ist die geisterhafte Revolution vollbracht, durch welche man Herr seiner selbst ist, und infolgedessen, wenn auch noch so mühselig, Herr der Welt werden muß.«[4]

Dieser Weg Friedlaenders ist nicht ganz so willkürlich, wie er es auf den ersten Blick vielleicht zu sein scheint. Kant radikal genommen, ist der Weg versperrt, das Unbedingte außen anzusetzen: Ich komme ja niemals zu etwas, ohne selbst dabei zu sein. Schon Fichte und Schelling, die Nachfolger Kants, hatten versucht, das Absolute als Instanz im Ich zu fassen. Nur stößt man (neutrum) eben auch auf diesem Gebiet, auch im Ich, immer nur von Bedingtem zu Bedingtem vor, kann auch hier nie gewiß sein, daß das, was man da am Ende erblickt oder denkt oder spürt, unbedingt ist — wie tief man immer geht und einerlei, ob man ein Letztes durch logischen Schluß bewiesen zu haben meint oder als logisch unfaßbare Selbstgewißheit erwischt zu haben fühlt. Es ist nicht möglich, durch das, was bedingt ist (unsere Erkenntnis, unser Denken, Fühlen), zu erkennen (denken, fühlen), wie und was unbedingt ist. Mit dem Beweis nach dem Muster des Descartschen *cogito, ergo sum* kann das Ich sich allein als Erkennendes oder Denkendes beweisen, nur als eine Schicht des Ich (das Ich als Denkendes); da aber das Denken oder Erkennen nicht ausgeschaltet werden kann, läßt sich auf diese Weise nicht das Unbedingte freilegen (das Ich als Absolutes oder das Absolute als Ich).

Die Gewißheit wiederum, daß es mein Selbst ist, das denkt und aktiv ist, das ich reflektiv deute und unmittelbar spüre, ja sogar die Gewißheit, daß von diesem Selbst alles abhängt, daß es alles und sich selbst bedingt, all das reicht nicht zur Überprüfung der »Richtigkeit« dieser Selbstgewißheit hin. Selbstgewißheit kann nur von sich selbst zeugen, von Selbstgewißheit, aber nicht von ihrer Bedeutung (einerlei ob das Selbst vitalistisch aufgefaßt wird oder definiert wird als jene Form, die sich selbst apriori gewiß ist). Daß Selbst und Selbstgewißheit eine in sich geschlossene Identität bilden, also nicht etwa die Selbstgewißheit eine Erscheinung oder ein Mittel eines für uns unerfaßbaren Wesens ist, das unser Erkenntnisvermögen und unser Selbstbewußtsein als verlängertes Organ zu seinen Zwecken nutzt (wie der Mensch Prothesen, Werkzeuge, Computer) — Gewißheit darin ist unmöglich, weil wir unser Ich nicht (auch in meditativen und ekstatischen Praktiken nicht) ichlos wahrnehmen, unserer Selbstgewißheit nicht selbstlos gewiß sein können.

Es ist für uns also gar nicht möglich, zu irgend einem Absoluten zu gelangen, auch dann nicht, wenn wir es im Ich ansetzen: weil es nicht möglich ist, etwas, was die Bedingung von Erkenntnis (Gefühl usw.) ist, zum Objekt einer unbedingten Erkenntnis (Gefühls usw.) zu machen und so zu prüfen, wie dieses Bedingende an sich ist: ob es unbedingt ist oder seinerseits wieder bedingt. Von der anderen Seite her formuliert: Als absolutes Ich kann ich kein Bewußtsein (Gefühl) von mir haben.

Aber das sind Ausführungen, die schon auf die Problematik der Philosophie Friedlaenders weisen: daß sie die Grenzen zu überschreiten vermeint, indem sie die Unmöglichkeit, das Absolute zu denken, als Akt des Absoluten selbst bestimmt — und damit ungewollt am Absoluten vorbeigeht (am Absoluten, so wie es der Autor versteht und wie es wohl auch die Vokabel nahelegt, den Begriff zu verstehen). Friedlaender weist nach, daß ein als Gegenüber, als äußeres Prinzip gefaßtes Absolutes ein Widerspruch in sich ist. »Das Absolute schließt seinem Begriffe nach allen Unterschied aus. Verhielte sich das Absolute irgendwie zum Relativen, so wäre es eben nicht absolut, sondern alles Verhalten als solches, die gesamte Relativität ist die Funktion des Absoluten, so daß es nicht etwa Übergänge, Brücken zwischen Absolut und Relativ gibt, sondern dieses Zwischen schon selbst der Gegenstand des Absoluten ist. Also das absolute Nichts der Relativität ist gerade der Produzent aller Relativität.«[5] Friedlaender folgert daraus nicht, daß das Absolute gar nicht zu fassen ist, sondern daß es eine Möglichkeit gibt, genau *eine* Möglichkeit: das Absolute muß als Identität gefaßt werden, Identität von Fassendem und Gefaßtem, in der der Unterschied nur die Funktion hat, das Eine (Ganze, In-sich-Identische) zu sich zu bringen.

Nun gilt es für Friedlaender nur noch herauszuarbeiten, welch ein Etwas den beiden Bestimmungen gerecht werden kann, die er für das Absolute gefunden hat: daß es Indifferenz aller Differenz, Alles-in-Allem sein muß und daß es — als Fassendes und als zu Fassendes — faßbar zu sein hat. Die erste Bestimmung führt dazu, das Absolute als Indifferenz oder Nichts, genauer als (was bei Friedlaender nicht immer deutlich gesagt wird) bestimmtes (nicht absolutes) Nichts zu fassen — konkret als Nichts des polaren Weltunterschiedes: »Das Nichts ist Weltangel«[6]. Die zweite Bestimmung führt dazu, das Absolute als Person zu definieren: »Als absolute Indifferenz aller relativen Indifferenz, als neutrale Größe par excellence, finden wir nur Person, das ›Selbst‹.«[7] »Person ist das absolute Neutrum der Welt, Welt-Indifferenz«[8], »das absolut Seiende, welches als Welt polar wird, polares Werden, Kinetik, polar realisiert wird«[9] und nur als polar in sich widerstrebend erlebbar ist. Nun sind Nichts, Person, Schöpfertum aber nicht verschiedene Substanzen, vielmehr unterschiedliche Funktionsbeschreibungen Ein-und-desselben. »Person ist nirgends zu finden als im absolut Identischen, das absolut Identische nirgends als im lebendigen Nichts, in der Welt-Indifferenz.«[10]

Was also das Absolute angeht, soweit es als Nichts zu fassen versucht wird: Friedlaenders Nichts ist weder reines Nichts (ein solches ist bestimmungslos) noch ein Gegenüber der Person; weder ein Ideal also, in das die Person sich aufzulösen bestrebt sein sollte, um die Sonderung, die sie (gegenüber dem Ganzen) bedeutet, aufzuheben, noch ein finsteres Loch, in das der Mensch (qua Leben) gehalten ist. Es ist nichts als die Konstitutionsbeschreibung des schöpferischen Prinzips (und am ehesten noch mit dem »Nichts« zu vergleichen, von dem christliche und jüdische Mystiker sprechen). So kommt das Nichts mit dem Ich auf die Welt zwar, aber nicht als Endlichkeit, Abgrund, Absperrung, sondern als Zentrum der Welt.

Hingegen ist die Bestimmung dessen, was Friedlaender unter Person versteht, etwas problematischer. (Person, Selbst, Subjekt, Ich, Individualität gebraucht Friedlaender durcheinander, und es ist nicht sehr sinnvoll, ihn darin am Maßstab der — im übrigen auch gar nicht so exakten — klassischen deutschen Philosophie zu messen.) Die Frage nach einer näheren Bestimmung stellt sich jedoch allein schon deshalb, als Friedlaender behauptet, mehr sagen zu können als das eine: daß Ich das Unbedingte ist. Dabei schwankt er nun und wird undeutlich – vielleicht weil er (mehr als bei der Definition des Nichts) ahnt, daß er mit seiner Bestimmung scheitert. Scheitern muß, denn: Wenn es schon unmöglich ist, daß das Absolute überhaupt als Bewußtsein (oder Selbstbewußtsein oder Selbstgefühl oder irgendetwas darin) deutlich wird, so ist es natürlich auch nicht möglich, es darzustellen und begrifflich zu fassen.

Deutlich ist nur, was Friedlaender unter Person/Selbst nicht versteht, nämlich das, was im allgemeinen als »Mensch« bezeichnet wird: der gehört zur Welt, zum Differenten, ist »täuschender Wechselbalg der Person«, »korrumpiert identisch«, »Schmarotzer seiner eigenen Göttlichkeit«, »der Schabernack, den Gott sich selber spielt«[11]. In allen weiteren Bestimmungen jedoch ist es entweder eine tiefere Schicht des empirischen Ich (und nicht das absolute Ich), als die Friedlaender Person kenntlich macht: so wenn er das Ich »unser allerinteressantestes Erlebnis«, das »Allerbekannteste selber« nennt[12] oder »die Form aller Formen, das Beharrende, dem sie als Eigenschaften anhaften«, »inwendige Einheit, die (...) denkt, fühlt und will; das seine Zustände«[13]. Oder aber das Ich erscheint bei Friedlaender durch reine Begriffsbestimmung, als etwas, was nur definitionsartig beschworen werden kann (eine Aktion ähnlich der jener klassischen Mystiker, die meinten, sich verbal ausdrücken zu müssen), aber nicht auf etwas *am Ich* Erlebbares in Bezug zu bringen ist: »Das absolut indifferent Inwendige, der ›Gott im Busen‹, das absolut Freie, Unsterbliche, Proteische, das Maß- und Zahllose, Unbestimmte, Unbegrenzte, die schöpferische Allmacht, das Weltprinzip, das ›Ding an sich‹, das persönlich Individuelle, das Welt-Identikum, das Wunder, perpetuum movens,

›Stein der Weisen‹, Quadratur des Zirkels, Auflösung allen Widerspruchs, das Überall Immer und Alles in Allem, dieses Wesen der Wesen, das Wahre, das Alleinige«[14].

Meint Friedlaender mit Person und Selbst also etwas Empirisches und bezeichnet es fälschlich als absolut; oder meint er das Absolute und nennt es fälschlich greifbar? Nein, dieser Frage soll hier nicht weiter nachgegangen werden. Lassen wir es lieber bei dem schönen Bild, das Ich sei »wie ein Hammer, der sich selbst schlägt«[15]. Denn der Leser möge doch bitte nicht päpstlicher sein als der Papst. »Rausch ist ein Motor, wenn man mit Flügeln ihm nachkann«, heißt es bei Mynona. Nun, nehmen wir den Rausch als Flügel, dem wir mit einem Motor nachwollen, und halten wir uns an Friedlaenders früh gegebene Empfehlung, seine Aussagen nicht dogmatisch zu nehmen: »Indessen sind sie so gemeint, wie man überhaupt ehrlicher Weise etwas meinen kann: *beweglich!* Lebendig. Man soll sich an ihren Buchstaben nicht kehren, man soll, wo möglich, mit einem besseren ihre Bedeutung verdeutlichen.«[16] Friedlaender ist durch den Nachweis, er sei gescheitert, ohnehin nicht zu berühren, kann es gar nicht sein: »Auch die Unmöglichkeit, selber göttlich zu sein, ist das Geschöpf der eignen Göttlichkeit«[17]; und der Zweifel belegt nur, daß »die absolute Wahrheit das indifferente Subjekt selber« ist, »die Vorbedingung der Möglichkeit von Zweifeln«[18].

Wen nun aber doch noch die Frage interessiert, wie Friedlaender darauf kommt, begründet, weiß, daß das Selbst Weltangel ist, der kann zwischen den mindestens vier Ableitungen, die Friedlaender bietet, auswählen, nämlich: 1. Es gibt keine Begründung, es ist einfach davon auszugehen; 2. Das Selbst ist von sich aus gar nichts, Weltangel wird es erst durch den Entschluß zu sich; 3. Der

Glaube an das göttliche Selbst ist eine absolut sichere Selbstgewißheit; 4. (aber das ist vielleicht eher Marcus) Es ist eine apriorische Wahrheit, und zwar die elementarste, und die Apriori sind in ihrer Gültigkeit bewiesen.

»Die Wirklichkeit ist fast immer ein Zufall, nicht das Wesen«, sagt der Architekt Kusanke im *Eisenbahnglück*[19], und Begründungen — auch die Friedlaenderschen — zählen sicher nicht zum Wesen.

Welt

»Identität ist immer konzentrierte Identität des enorm Diversen«, sagt Friedlaender[20]. Damit ist angedeutet, was in seiner Philosophie mit der Setzung des Selbst als Indifferenzpunkt der Welt erreicht ist: ein selbstgewisser Grund, aus dem heraus es in die Welt geht und der von Gott nicht mehr zu scheiden ist: »Gott (ist) nichts als die intim persönlich absolute Identität der polaren Welt«[21]; und eine Welt als »Auseinander desselben, das innen ohne allen Unterschied zusammen ich selber bin«[22] — Welt als ein Relatives, das eine Form des Absoluten ist, als das Absolute, wie es als Differenziertes Gestalt annimmt. So ist bei Friedlaender die Entdeckung der Indifferenz ineins Legitimierung der Welt: Die Spaltung wird hier nicht überwunden, indem Identisches von Nicht-Identischem abgesetzt wird, sondern indem Identität nicht etwas außer sich läßt. Das hat zwei Aspekte: Was es zu fassen gilt, muß so gefaßt werden, daß ihm das Fassende nicht gegenübersteht — also etwa auf die folgende Weise: »Meine Verlegenheit beim Denken des Unendlichen ist die eigene Verlegenheit des

Unendlichen. Es gibt keinerlei ontologische Transzendenz, welche dieser ewigen rastlosen Problematik ein Ende, einen Anfang machen könnte; nichts ist als das Unendliche, wir sind nicht nur in ihm, wir sind es.«[23] Und das Fassende selbst muß so gefaßt werden, daß es nicht ein Etwas unerfaßt läßt (sei es als unfaßbar oder als nichtig) – in den Worten einer Mynonaschen Figur: »Das absolute Welt-Original, dessen bloßer Reflex die Welt ist, muß so schöpferisch gedacht werden, daß eben seine gesamte Schöpfung von selbst sein Reflex wird, Reflex seiner eigenen Projektion, Spiegel seines Urlichtes.«[24]

Nun soll hier nicht noch einmal dargelegt werden, daß man, indem man Transzendenz vorsätzlich identitätsphilosophisch faßt, keinen Schritt näher am Absoluten ist. (Friedlaender übrigens sucht darüber sehr elegant hinwegzugelangen: indem er sowohl Transzendenz als Immanenz definiert als auch fordert, »man soll das Bekannte, Bewußte nicht aus dem Unerkennbaren ableiten, sondern umgekehrt«[25].) Interessanter ist an dieser Stelle Friedlaenders Ergebnis. Das lautet: Der Schöpfer braucht die Welt mehr als die Welt den Schöpfer (die Welt ist Differenz, relativ, nicht Urprinzip); die »gesamte Welt von Unterschieden ist nichts als der Kunstgriff des innersten Gottes, seiner eigenen Allmacht Meister zu werden«[26]; das eigene Innere kann sich »gar nicht anders äußern, als indem es sich unterschiedlich objektiviert«[27], sodaß Endlichkeit »Rendezvous der Unendlichkeit mit sich selber«[28], Leben »das Würfelspiel des Unendlichen mit sich selber«[29] ist. Das Absolute als Differenziertes gleich Relatives ist eine Aktion des Absoluten als Indifferenziertem, ist der einzige Weg, auf dem das Absolute sich selbst ergreifen und damit schaffen kann.

Übrigens geht Friedlaender Identität mit einigen Formulierungen auch von der anderen Seite her an, so daß Selbst/Indifferenzpunkt/Nichts nicht als Unbedingtes, sondern als Teilung, Verdichtung, Relativierung des an sich Grenzenlosen, des Göttlichen behandelt ist: »Die Welt reflektiert auf sich selber im komplizierten Spiegel ihrer Inkarnationen«[30]; »eigne Indifferenz ist die Brautnacht der Welt«[31]. Solcherart Bestimmungen sind natürlich ohne Schwierigkeiten als Inkonsequenz Friedlaenders zu interpretieren oder als Griff in die Trickkiste oder als Ergebnis des Einflusses bestimmter Theoretiker der Mystik. Vielleicht deuten die Formulierungen aber eher darauf, daß Friedlaender spürt, daß alles, was vom Absoluten gesagt werden kann, dieses gar nicht trifft — eine Ahnung, die, wo sie nicht zum Schweigen führt, leicht dazu geneigt macht, sehr viel zu sprechen und die Näherung aus verschiedenen Richtungen zu suchen.

Das Absolute, wie Friedlaender es faßt, kann also durchaus nicht machen, was es will, es kann nicht unmittelbar es selbst sein und die Welt liquidieren. »Das Identische ist von einer so hyperbolischen Erlebnisgewalt, daß es sich nur polar auslassen kann; oder überhaupt nicht. Hierin haben wir die Schranke seiner Allmacht: es kann nicht platt identisch sein und ist zu sich selber dennoch gezwungen.«[32] Strenge Leser werden jetzt vielleicht einwenden, da stimme etwas nicht: Ein Unbedingtes, das zu irgendetwas gezwungen ist, sei eben kein Unbedingtes, und die Feststellung, daß es für uns ein an sich selbst Identisches, ein Ich ohne Nicht-Ich oder Unendliches ohne Endliches nicht geben kann, sei eine Aussage einzig über uns, unser Erkenntnis-, Denk-, Fühlvermögen und zeuge nur von einem: daß wir Unbedingtes nicht fassen können. Friedlaender würde darauf antworten, die genannte Bedingung, daß das Absolute sich nur polar gewinnen kann, sei eine, die das Unbedingte sich selbst setzt, also keine von außen dem Unbedingten auferlegte Schranke, sondern eine innere Notwendigkeit — und die ist für Friedlaender nichts als die Klaviatur jener Freiheit, die das Subjekt selbst ist. Bevor jetzt aber die Frage erhoben wird, wie Friedlaender das wissen kann, und Friedlaender antwortet, es handele sich um eine radikal indifferenzierte Gewißheit, da sehen wir doch lieber, daß wir weiter kommen — schließlich wollen wir ja noch bis zur Groteske vorstoßen. Im übrigen ist wohl auch für Friedlaender das Hauptproblem, den Laden gut in den Griff zu kriegen (obwohl Nietzsche und die Mystik vom Begreifen ja Abstand nehmen wollen). Wie sagt Friedlaender: »Der Principe des Machiavelli ist noch zum Rezepte für einen Gott umzuschreiben«[33] — und wer weiß, ob ihm seine eigenen Schriften nicht Vorstudien dazu sind.

Jedenfalls haben wir in Friedlaender eine Welt gewonnen, an die wir uns halten können, ohne uns in ihr zu verlieren, an die wir uns sogar halten müssen (ohne Differenz kann ja nichts erscheinen, auch Selbstgewißheit nicht), der wir aber, weil sie nicht zufällig, chaotisch, willkürlich, sondern Teil des Absoluten ist, nicht ausgeliefert sind. Herrscher bist Du, und doch nicht allein, als einen Gott erkennst Du Dich, der nicht Opfer seiner Freiheit ist. Was Friedlaender 1902 schon in seiner Dissertation fordert: Schopenhauer müsse durch die Schule Kants gehen, der Wille in die Welt, als Immanenz, nicht aus ihr herausgebracht werden — diese Vorgabe scheint er damit selbst, programmatisch zumindest, erfüllt zu haben. »Indo-Amerikanismus würde sich diese Tendenz bezeichnen«, sagt er, »vom Innersten her alle Differenz, also Welt, Leib und

Leben zu kultivieren«[34]. Indisch heißt: restlos indifferenzieren, sich ganz auf sich, zur vollendeten Unäußerlichkeit reinigen; amerikanisch ist erobern, schaffen, umwälzen; indo-amerikanisch meint: das Indifferenzieren als Hinwenden zur Welt, ja Schöpfen der Differenz vollziehen und, damit gleichbedeutend, das In-die-Welt in Distanz zur Welt und nicht willkürlich vollziehen.

Bevor nun der Frage nachgegangen werden kann, welche Lebensweise dem Indo-Amerikanismus angemessen ist, heißt es für Friedlaender, die Bedingungen der Aktion genauer klären, den Charakter des Differenten besser bestimmen — die Einsicht in die Beschaffenheit der Welt und des Selbst ist für Friedlaender Voraussetzung des Erfolges. Entscheidend ist, den Indifferenzpunkt oder Nullpunkt, von dem aus sich alles differenziert, nicht als Extrem, nicht als Ende der Skala, aber auch nicht als Versöhnung der Extreme zu betrachten, sondern als Schöpfer der Zahlen und Extreme. »*Ja* ist etwas polar Anderes als *Nein*. Das Nichts ist gleichsam ihre magnetische Indifferenz, ihre polarisierende Neutralisation, ihre differenzierende Zentrierung, das Zentrum ihrer Antipodie«.[35] Was für das Paar Ja-Nein gilt, stimmt auch für Finsternis und Licht, Falsches und Wahres, Böses und Gutes, Häßliches und Schönes ... Eines hängt mit dem anderen unlösbar zusammen, aber nicht wie Zahlen, die sich weit entfernt auf einem Maßband befinden, oder im Hegelschen Sinne als das je andere seiner selbst, sondern über die Mitte, den Null-/Indifferenzpunkt: der ist es, der die Gegensätze hervorbringt, er treibt sie heraus (auch hinaus), von ihm aus müssen die Gegensätze behandelt werden. (Friedlaender behauptet übrigens mit dieser seiner Position an Goethes Polarismus anzuknüpfen, aber Unterschiede und Gemeinsamkeiten sollen an dieser Stelle nicht betrachtet werden.) Das weist auch schon darauf, wie das Selbst im Friedlaenderschen Sinne mit der Welt und ihren Trennungen umgehen muß: Die Gegensätze dürfen nicht vernichtet und der Indifferenzpunkt darf nicht zum Alles aufgebläht werden, sondern vom Nullpunkt aus heißt es mit den Gegensätzen jonglieren, gilt es zu äquilibrieren – äquilibrieren, das heißt: »sein apriorisches Ich zur polarisierenden Indifferenz des empirischen« machen [36].

Göttliche Orthopädie ist das ganze, aber bevor es nun endlich an die wohl interessanteste Aktion geht, die Friedlaender dazu setzt – so nahe sind wir schon an der Groteske –, heißt es zunächst einmal einsehen, daß das Äquilibrieren nicht nach irgendeinem Belieben, nicht nach den Launen eines selbstherrlichen Herrschers Ich geschehen darf.

Vernunft

»Der eigene Wille ist der einzige Autokrat, welcher unwiderstehlich herrschen muß, sobald er sich entmenscht, desisoliert, individualisiert. Alles andere bleibt mehr oder minder verschleierte Anarchie, Pseudokratie. Der Wille dagegen, nicht im privategoistischen, sondern im universalegoistischen Erlebnis, ist das Wunder der Wunder, die Allmacht, der Magier, Gott Ich und als solcher die Tat der Taten. Vollendet unscheinbar, die Initiative zur Welt-Sensation, zur Revolution aller Revolutionen, zur Schöpfung.« [37] Bei solcherart definitionsartigen Beschwörungen ist zunächst offen, wie die Identität von Wille, Gott, Unbedingtem vermittelt ist. Vor näheren Bestimmungen in dieser Hinsicht scheut Friedlaender bis in die zwanziger Jahre zurück. Bestimmungen bergen ja stets eine große Gefahr in sich: daß nämlich das Bestimmte in Attribute und Substanz aufgespalten wird, hier: der Wille oder das Ich nur als Funktion, Funke, Vollzugsorgan einer vor ihm ursprünglichen Gottheit erscheint. Zwar ist Friedlaender nicht so radikal wie Schopenhauer, für den es an der entscheidenden Stelle im Ich gar nichts zu bestimmen und zu erkennen gibt. Und explizit bekennt er sich ganz und gar nicht zu der Auffassung, daß die Frage sinnlos ist, wie das Unbedingte im Ich zu fassen ist: ob als (göttliche) Instanz des Ich oder als Instanz (Gottes) im Ich. Praktisch aber ist er sehr darum bemüht, auch nur den Anschein zu vermeiden, zwischen Absolutem, Gott, Ich, Vernunft, Selbst könne eine Differenz bestehen. Er kritisiert hart, daß Kant vor dieser Einheit, vor dem indifferenzierten Wissen zurückschreckt und die Vernunft dem Ich als höhere Instanz, Vorgabe, Disziplinierungsinstrument gegenüberstellt. Werden aber Fragen nach näherer Bestimmung der Identität allzu dringlich gestellt, läßt es sich für Friedlaender auch so antworten: »Die Freiheit, der schöpferisch freie Wille, ist ein Mysterium«[38].

Dennoch ist das Selbst des frühen Friedlaender keineswegs schrankenlos. Wenn Friedlaender hart an Nietzsche anschließt und — halb sich aussprechend, halb Nietzsche referierend — sagt: »Logik läßt sich auf Leben, auf Natur reduzieren«[39], so heißt dies bei ihm nicht: Alles ist erlaubt. Wo sich wie bei Friedlaender alles als Binnenverhältnis gestaltet, wo das Leben als Äußerung des Unendlichen gilt, das sich ein Endliches schafft, um sich treffen zu können, dort kann die Frage gar nicht auftauchen, was das Leben sich gegenüber dem Vernunftgesetz herausnehmen darf oder gegenüber Gott. Friedlaender kann sich zum Gesetz bekennen und muß es tun, weil er das Gesetz als »Äußerung (Polarisation) des freien Willens«[40] bestimmt. Das heißt: Das Leben braucht nur weit genug indifferenziert zu werden, soweit, daß der Nullpunkt herauskommt, und schon ist deutlich, daß Autonomie und Sittlichkeit, Freiheit und Pflicht, Allmacht und Gesetz im Letzten ungeschieden sind. Mit dem moralischen Handeln ist es ähnlich wie mit dem Erkennen: Wie der Mensch die Masse der Erscheinungen, die an sich ein Chaos sein würde, nur auffassen kann, indem er sie den Gesetzen seines Erkenntnis- und Denkvermögens (Raum, Zeit, Kausalität...) unterwirft – und für Friedlaender und Marcus ist der Mensch damit Gesetzgeber, Schöpfer seiner an sich nicht erlebbaren Freiheit, nicht etwa einer ihm fremden Legislative unterworfen –, ähnlich kann der Mensch überhaupt nur handeln, als er sich im moralischen Raum bewegt. Das gilt nicht nur für »das reine, das heißt also von allem Unterschiede in sich selber reine Subjekt«: das ist »notgedrungen sittlich, es kann sich gar nicht anders äußern als gesetzlich, allgemein, gerecht«[41]. Vielmehr stimmt es für alle Menschen, also auch für jene, die sich ihr indifferenziertes Selbst noch nicht erobert haben, die sich in ihr differenziertes Mensch-Sein verlieren und gegen das Gesetz verstoßen oder ihm (wie die Moralisten und die meisten der religiös Gläubigen) als einem von anderer Seite auferlegten zu folgen glauben: auch sie bestätigen das wahre Gesetz, als dieses die Bedingung allen Handelns und aller Normen und aller Verstöße ist.

Selbst und Autonomie sind für Friedlaender also keine leeren Formen, sondern ineins formal und material bestimmt. Autonom handelt nur, zu sich selbst kommt nur, wer die Phänomene als Differenzierungen des Selbst/Nullpunkt begreift und vom Selbst als Maßstab aus handelt. Denn das ist entscheidend: daß das Selbst nicht nur die Bedingung alles anderen ist, sondern auch Maßstab, daß es Unbedingtes ist *und* Norm. Wer das einsieht, für den ist im Grundsätzlichen die Frage nach den Handlungsleitlinien gelöst, ja für den wird alles in der Welt verständlich, ist nichts mehr bedrohlich. Es muß dann nur alles Differente auf den Nullpunkt hingeführt werden: »Die Hölle ist nur die Verrenkung des Himmels«; »Bosheit ist nur die Unbeholfenheit der Güte«; »Zersprengung, Tod, Vernichtung des Menschen bedeutet eigentlich nur dessen Exmission aus dem Individuum, die Evakuierung des Selbstes von Differenz«; »Schuld ist die Selbstvergessenheit der Unschuld«; »Christliche Demut ist sich selber sanft verkennende Allmacht«[42] ...

Friedlaenders Schriften und Mynonas Grotesken werden mit allen Verwirrungen auf diese Art fertig. Auch die Freiheit — manche Betrachter werden vielleicht bestreiten, daß es sie für Friedlaenders Selbst überhaupt gibt, da dieses ja sittlich handeln und überhaupt sich objektivieren muß — bietet Friedlaender keine Probleme: »Freiheit ist nichts als die Urheberin des Gesetzes.«[43] Im übrigen: »Noch der letzte Wahn-, ja Blödsinn rührt aus der überschwänglichen Selbstbesonnenheit der Indifferenz.«[44] All solche Überlegungen sind, im Rahmen von Friedlaenders Lehre von der schöpferischen Indifferenz, konsequent. Höchstens stellt sich die Frage, ob es richtig ist, etwas Freiheit, Autonomie, Selbst zu nennen, was vom üblichen Gebrauch der Wörter so weit entfernt ist. Aber das ist kein Problem Friedlaenders allein — andere philosophische Theoretiker sind nicht anders vorgegangen.

Das Selbst der Theorie des frühen Friedlaender ist also kein Zauberwort für Willkür oder Hilflosigkeit. Dennoch nimmt Friedlaender in den zwanziger Jahren eine Änderung vor, die für die Bestimmung des Selbst Folgen hat. Friedlaender beginnt — unter dem Einfluß von Ernst Marcus, wie er sagt — Kant neu einzuschätzen. Seit 1899 kennt er Marcus, seit langem liest er seine Bücher, nun nimmt er seine philosophische Theorie an und bezeichnet sich als seinen Schüler. »Noch auf Jahrzehnte (nach der Begegnung mit Marcus; d. Verf.) wurde mein Inneres zum Schlachtfeld zwischen der sogenannten Moderne und der — Vernunft. Von den Faszinationen der Schopenhauer, Nietzsche und ihres neuen Gefolges befreite sich meine Urteilskraft nur langsam, und Ernst Marcus unterläßt es absichtlich, zu überreden, zu verführen.«[45] Ab Mitte der zwanziger Jahre gibt es kaum einen Text, auch keinen offen literarischen, in dem der Leser nicht aufgefordert wird, gefälligst Kant zu studieren und Ernst Marcus zu lesen. Marcus wird für Friedlaender nächst Kant »der bedeutsamste Markstein aller menschlichen Kultur«[46]. Kant, für den Friedlaender nur drei Getreue sieht: Marcus, Prof. Ludwig Goldschmidt in Gotha und Friedlaender, wird der entscheidende Bezug; wohingegen Nietzsche von nun an als »aufgewärmter Pilatus« gilt[47]. Zentrale Kategorie Friedlaenders scheint die Vernunft zu werden.

Das ist keine so tiefgreifende Änderung, wie vielleicht auf den ersten Blick anmutet. Daß an die Stelle des »Selbst« nun »das vernünftige Ich als ein göttliches, unsterbliches, freies Wesen« rückt, »der Vernunftwille«, der »vernünftige Wille«, Vernunft als »der ›Himmel in uns‹« oder einfach »die Vernunft«, sagt insofern nicht viel, als der frühe Friedlaender das Selbst nicht als einen überlegenden, beabsichtigenden, »empirischen« Willen und auch nicht als bloße Form versteht, sondern als eine von Vernunft nicht zu unterscheidende Instanz. »Ich bin durch Marcus im Meinigen präziser bestärkt«, sagt Friedlaender 1927[48]. Aber es handelt sich um keine »bloß terminologische« Änderung (solche gibt es entweder gar nicht, oder es sind in gewisser Weise alle Unterschiede in der Philosophie bloß terminologische). Wenn das Unbedingte nun vorzugsweise mit einem Terminus belegt wird, der eher vom Ich wegweist, so ändert sich auch am Begriff etwas. In vielem scheint es jetzt, als ob die Vernunft oder eine Art Urinstanz in ihr: das Sittliche als der »unbedingte Wille der Vernunft« oder das »Übervernünftige«, »übermenschlich Göttliche«, dem Ich nicht einwohnt, sondern über ihm steht, also nicht als das Absolute im Ich, sondern als das Absolute gegenüber dem Ich bestimmt ist. Da ist vom Leben als einem »Werkzeug des Wahren, Guten, Schönen« die Rede[49], vom Leben als Aufgabe, von Pflicht (gegenüber der Vernunft), von Schuld (der Pflichtvergessenheit), vom Sollen (der Lösung von der Unvernunft), vom Vernunftglauben: das ist »die Erkenntnis unserer Pflichten als göttliches Gebot«[50]; vom Ich als »ein Als-ob-Gott, Mensch, der nicht eigentlich, aber gleichsam absolut schöpferisch, ›formal‹ schöpferisch ist, wenn ihm vom eigentlichen Schöpfer Materie zum Formen gegeben wird«[51].

So werden in der Entwicklung der Friedlaenderschen Theorie die identitätsphilosophischen Elemente im Rahmen eines Trends zur Ontologisierung (und damit Spaltung) zurückgedrängt. Unvermeidlich sind davon auch jene Elemente der Philosophie des frühen Friedlaender betroffen, die als existenzialistisch oder teleologisch angesprochen werden können. Es ist ein Unterschied, ob es zur

Frage der Materialisation des Willens zum Leib wie beim frühen Friedlaender heißt: »Der Tod eklatiert nur deshalb so abrupt und scheinbar vernichtend, weil er das Innerste uneröffnet, verstopft von Differenzen, nicht durchaus selbstbesonnen findet. Fände der Tod den Tod aller Differenzen bereits im Innern vor, stieße er auf das Individuum, so wäre er überflüssig und wirkungslos.«[52] Oder ob die Sache, wie beim späten Friedlaender, so angefaßt wird: »Auf Geheiß des Willens schießt der Stoff, der sonst nur mechanischen Gesetzen unterworfen ist, auf geeignet vorbereitetem Boden (dem Mutterleib) zu unserem Leibe zusammen, der dann unter dem Einfluß des Willens verbleibt. Geburt, Leben, Tod sind die zeitliche Erscheinung des Vernunftwesens.«[53] Außerhalb von Zeit und Raum steht Indifferenz/Vernunft/Selbst in beiden Fällen, nur: das eine Mal ist sie eher Ziel oder Setzung, das andere Mal eher als Sein oder Urinstanz formuliert. Allgemein tritt im späten Friedlaender der Entschluß zugunsten des Beweises und des Bewiesenen zurück, damit ungewollt zugunsten einer neuen Differenz: denn was bewiesen werden muß, ist nicht an sich selbst gewiß. Das trifft auch Friedlaenders Bestimmung dessen, was Wahrheit ist: die scheint für ihn jetzt oft als eine Instanz, die von einer gegenüberliegenden Position aufzudecken ist. »Bedingung der Möglichkeit einer fruchtbaren Forschung ist die Voraussetzung, daß es ewige Wahrheiten gibt, und daß diese uns vollständig erreichbar sind«, sagt Ernst Marcus[54], Friedlaenders Lehrer. Und Marcus behauptet die Apriori als bewiesen und bestimmt die Ethik als eine »wahre, beweisbare Wissenschaft«[55]. Friedlaender folgt ihm in dieser Positionierung, bis hin zur Behauptung, Kant habe den »Beweis« für die Stellung der Vernunft erbracht.

Aber es ist nur ein Trend zur Ontologisierung, der sich hier in Friedlaender abzeichnet, und nicht mehr, denn auch in seiner späten Phase gibt es die alten Thesen. Da werden etwa die Apriori als nicht beweisbar bestimmt, als nur Denkexperimente Kants, wenn auch triftig: Wer sie »in Zweifel zieht, ist ein Idiot, der das Sophisma, es gebe keine sichere Wahrheit, vertritt«[56]. Da ist nach wie vor von der Wahrheit als Entschluß zur Freiheit und nicht als An-sich die Rede: Wer »so unvernünftig, unmenschlich, so mechanisch tot ist, daß er die eigene Freiheit bezweifelt oder gar aufgibt, der *macht* sich durch diesen Zweifel, diesen Unglauben zu einem blinden Naturwesen«[57]. Da definiert er das Ich als »Göttlichkeit in Person«, »*gleichsam* Gott selber«[58]. Und in einer seiner letzten programmatischen Äußerungen kritisiert Friedlaender Kant explizit dafür, »immer noch von zwei Reichen, zwei Standpunkten, dem der Natur, dem der Freiheit (zu sprechen). Bei kopernikanischem Lichte besehen, ist aber nur Vernunft, nur Freiheit der einzige Standpunkt, das ICH-Heliozentrum; hingegen ist Natur einschließlich des phänomenalen Menschen gar kein Reich, kein Standpunkt, sondern Planetensystem der Sonne ICH.«[59]

So liegt in Friedlaenders Philosophie ein Widerspruch, der im Rahmen seiner Philosophie, durch innere Logik nicht aufzulösen ist. Aber vielleicht ist eine alte Weisheit hilfreich, die da lautet: Der Anfang, der ärgste Anfang, ist besser als das beste Ende. Der Anfang, das heißt der eine wesentliche Gedanke eines philosophischen Theoretikers, wird eben vom Zwang zum System nur zu oft erdrückt, der deshalb auf ihm lastet, weil der Sinn der Philosophie wesentlich das Philosophieren ist — wer beendet schon gerne die Aktivität, mit der er Gleichgewicht sich schafft?

Aber das nur nebenbei. Jedenfalls macht der Trend zur Ontologie verständlich: den unduldsamen Ton, den die Schriften Friedlaenders in den zwanziger Jahren bekommen; daß Friedlaender zeitweilig als Vernunftprediger und Moralapostel auftritt, der sich fordernd den Menschen gegenüberstellt und sie zu Pflicht und Sollen gegenüber etwas aufruft, das eine äußerliche, fremde Instanz zu sein scheint. Die Idee, läßt Mynona seinen Dusselbrodt sagen, – und Friedlaender hätte das fast auch direkt so sagen können –, die Idee »macht keine barmherzigen Ausnahmen; sie ist intolerant, gerade weil sie das Los der Welt nicht nur bessern, sondern gutmachen will. (...) Fluch allen Sentimentalitäten! Lassen wir die Idee wüten! Sie ist der lachende Schlagetod; sie zimpert nicht.«[60]

Magie

In Mynonas *Die hofunfähige Kuh* wird es so gesagt: »In vielen Wesen reagiert der Lebensinstinkt mächtig und temperamentvoll gegen das Geschlachtetwerden. Wüßten die Tiere, daß sie zur Ernährung des Menschen so nützlich sind, so würden sich wenigstens die gutherzigeren von ihnen gewiß gern schlachten lassen. Sie wissen es aber nicht, sondern klammern sich mit blinden Instinkten ohne edlere teleologische Regungen ans liebe Leben.«[61] Friedlaender sagt es etwas anders, aber ohne Teleologie geht für ihn nichts, jedenfalls nichts Höheres und schon gar nicht das Selbst. All die Begriffe, die er herausarbeitet, sind von vornherein auf ein festumrissenes Ziel gerichtet, und das lautet: vor dem »Alles und Nichts« weder in Resignation verfallen noch sich ihm ausliefern noch es tragisch nehmen, sondern »den extremsten Nihilismus mit dem extremsten (...) Omninismus Blutsbrüderschaft schließen« lassen[62] und die in Nietzsche »geheimnisvoll aufdämmernde« »Möglichkeit eines *dionysisch* wissenschaftlichen *Lebens*«[63] wahrnehmen. Das heißt, die Differenz zwischen Ich und Gott aufheben, »denn nur dieses Wegfallenlassen ist erst Innerlichkeit; und auch im Innersten noch sich gegen Gott im mindesten sträuben, sich auch hier noch von ihm unterscheiden wollen, ist weiter nichts als der schlechte, äußerliche, unvermögende, unmagische Wille, der sich Mensch nennt«[64]. Es geht darum, das Selbst zum Gott (oder Quasi-Gott), Nichts, Schöpfer, Magier zu entdifferenzieren.

»Es ist unmöglich, nicht Gott selber zu sein: aber fast unmöglich, dieses nie zu vergessen.«[65] Was kann dieser Gott, was kann er nicht? Die Frage mag komisch klingen, wenn Gott als Identität von Sein und Können gefaßt wird. Friedlaender sieht Gott anders, sieht ihm Bedingungen auferlegt, die ihm Selbstunterschied zwar sind, aber nicht zu beseitigen: Zu sich kommen, sich konstituieren kann dieser Gott nicht unmittelbar. Um göttlich zu sein, heißt es sich differenzieren, zu Welt auseinandergehen, und das nicht willkürlich und nicht irgendwie, sondern nach vorgegebenen Gesetzen. Sich so setzend-entdeckend, hat der Akteur jedoch alles im Griff (genauer: hat es, kann es, will es und soll es — das fällt hier alles zusammen), indem er selbst zum Unterscheidenden wird, das heißt: das Selbst zur von aller Äußerlichkeit gereinigten Innerlichkeit, das Außen zum Mittel, Werkzeug, »süßen Spielzeug« (wie Gumprecht Weiß es in Mynonas *Schöpfer* nennt).

Dieses: Endpunkt und Anfang, Fakt und Programm — heißt im Werk des späten Friedlaender »magisches Ich«, seine kunstgerechte Ausführung Magie. (Der späte Friedlaender spricht vom »Magier« und nur noch selten vom »Schöpfer«, um deutlich zu machen, daß der menschliche Wille nur quasi-schöpferisch ist: »Former eines ihm aus unergründlichem Ursprung *gegebenen* Stoffes«[66], nicht Erfinder.) Magie, wissenschaftliche (und nicht schwarze) Magie, das ist die Tätigkeit des vernünftigen Willens, »die echte Aktivierung des Ich«[67]. »Das Ziel der Magie ist die Überwindung der Natur«[68], ist es, von der Mitte, vom Ich aus »polar jedes gewollte Ziel zu erreichen, jedes Receptum nach seinem konzentrierten Wissen und Wollen theoretisch und praktisch zu formen«[69]. Magie ist die radikale Schlußfolgerung aus etwas, was Friedlaender schon durch Kant entdeckt sieht: »Im Grunde verlangt Kants kopernikanische Revolution, daß das apriorische, intelligente, noumenale Ideen-Ich die objektive Herrschaft über das Leben in Theorie und Praxis antrete, wie es dies in der Kunst nur phantasmatisch tut«.[70] Kant allerdings, sagt Friedlaender, hat die Bedeutungsschwere der Welt noch überschätzt und so diese Forderung — ebenso wie Marcus — nicht erkannt und ihr nicht Rechnung tragen können. Voll zur Geltung kommen aber, als »sonnenhafte Zentraldynamis des Menschenlebens« wirken kann das Ich nur, wenn ihr entsprochen wird, und das heißt: Die Welt darf nicht das Resultat eines nur spontanen Konstitutionsprozesses sein — bei einem solchen ist das Resultat zu weit entfernt vom Wünschenswerten und spielt sich zu leicht als Herrscher auf. Vielmehr muß das Ich seine Struktur vor der Aktion, bevor es sich in sinnliche Gebilde umsetzt, kennen, sodaß die Objekte, die es unter Wahrnehmung der unüberschreitbaren Gesetze — außerhalb von Zeit und Raum gibt es kein Objekt — bildet, frei gesetzt sind und

Ich-dienlich. »Heilen wir das Ich von seiner pathologischen Halbheit«[71], heißt die Parole. Und das Rezept lautet: Das Apriori muß sich selbst in Beschlag nehmen, von etwas, was die Aktion bedingt, zum Steuer der Aktion werden. Anders formuliert: Die Differenz von apriorischem Ich und empirischem Ich ist aufzuheben.

Nun ist an dieser Stelle der Hinweis gegen Friedlaender nicht schwer, daß planmäßiges Übersetzen nur ein Akt aufgrund von Reflexion sein kann und daß die als Stoff eben jene sogenannte spontane Aktion braucht; daß das apriorische Ich, das die Bedingung dafür ist, daß im empirischen Ich Objektivität und Ich-Bewußtsein ungetrennt sind, nicht seinerseits Objekt des empirischen Ich sein kann. (Könnten synthetische Urteile apriori an sich selbst zur Geltung kommen, wären es eben keine. Anders formuliert: Friedlaender hätte recht, wäre das Apriori eine vom Selbst frei gesetzte Bedingung im Innern, ein Selbst-Unterschied, und unbedingt das Ganze – aber dann müßte das Selbst auch das Vermögen sein, ohne Welt, Raum, Zeit, empirisches Ich auszukommen.) Aber an dieser Stelle waren wir schon einige Male in diesem Buch, und so ist vielleicht die Frage interessanter, wie sich für Friedlaender die Überwindung der »pathologischen Halbheit« vollzieht und mit welchem Resultat.

Die Art und Weise, wie Magie wirksam wird, ist für Friedlaender wesentlich der Entschluß: »Es scheint zwar ein Märchen, daß ein geisterhafter Entschluß zur Zentrierung in einem nicht mehr anbrüchigen, integren, einigen, unteilbaren, beharrlichen, notwendigen Ich die objektive Funktion haben sollte, das Leben in polarer Evolution von allen Übeln zu erlösen; aber ohne diesen Entschluß kann kein heiles Leben zustande kommen.«[72] Das Resultat ist ein Außen, das dem Ich gehorchen muß wie Figuren dem Bühnenautor, also die »objektive Einrenkung der Welt«, »die vollkommene Erlösung wenigstens unseres formalen, besser: das Leben aktiv formenden, aktiv rezipierenden Ich«[73]. (Übrigens zieht Friedlaender zur Bekräftigung, wenn auch nicht zur Grundlage, der von ihm anvisierten Möglichkeit des Ich Ernst Marcus' Hypothese über den Äther heran, die der als Antwort auf die Frage gibt, wie das »ausschließlich durch Erfahrung gegebene transsomatische optische Gebilde auf natürlichem Wege zu erklären« ist. Marcus gelangt zu der — leider hier nicht weiter zu erörternden — Annahme, »daß das Zentralorgan nicht nur aus einer festen anatomischen Masse besteht, sondern daß mit dieser organisch eine ätherische, stets im Flusse befindliche Materie verbunden ist, und daß diese Materie einen ebenso integrierenden Bestandteil des Zentralorgans bildet wie die feste Masse, derart, daß beide Bestandteile in ihren Zuständen wechselseitig von einander abhängig sind.«[74])

Mit Magie ist bei Friedlaender allerdings zweierlei bezeichnet: eine unüberschreitbare Struktur und eine Setzung; ein Ablauf, der latent und spontan unvermeidlich sich vollzieht, und eine Tätigkeit, die erst, indem sie zum Vorschein gebracht und gewollt wird, kunstgerecht ausgeführt ist: so daß der Mensch »Ingenieur des eigenen Lebens«[75] ist. Soweit Friedlaender Magie nun als Programm auffaßt, wäre die Frage nach dessen Grundlage zu stellen, nach dem Sinn der Aktion. Warum soll der Mensch Magier werden? Weil es ein Gefühl der »Erhabenheit« gibt, ein »traumhaftes Einheitsgefühl«, »schöpferisches Gleichgewicht des Willens«: »Ich bin es, aber ich bin in einem bunten Dunkel über mich selber«, wie Gumprecht

Weiß den Zustand zu beschreiben sucht[76] — aus Nützlichkeitserwägungen also? Oder aber aus ethischer Pflicht, weil es ein echtes Sollen ist, gegenüber dem Selbst oder der Vernunft? Friedlaender gibt darauf keine eindeutige Antwort. Er wendet sich zum einen gegen jede Selbstzweckaktivität, gegen jedes »zum Vergnügen« statt »mit Vergnügen«, bestimmt mit Kant sittliches Handeln als unbedingt, unbeeinflußbar durch Nützlichkeitserwägungen, Triebregungen usw. — und das spricht gegen die Begründung, der Mensch solle sich zum Magier gestalten, weil es sich so angenehmer leben läßt. Aber Friedlaender behandelt Sittlichkeit oft auch wie ein Mittel (zum Beispiel: »Ohne Vernunft wären meine Handlungen nur sachliches Geschehen«, »Lassen wir keine Sittlichkeit gelten, so ist alles natürlich, naturgesetzlich«[77]), so als sei sie ein für die göttliche Herrschaft des Selbst zwar unerläßliches, aber eben doch Instrument — und damit sind Vernunft, Sittlichkeit, Sollen nicht als unbedingt genommen, sondern utilitaristisch begründet. Konsequenz ist hier in Friedlaender nicht zu finden und auch schwer nur hineinzubringen. Zumal auch der Versuch, das Sollen als »polare Funktion« des Ich-Zentrums zu bestimmen[78], nicht weiterführt: das Sollen ist ja für Friedlaender dadurch nicht weniger verpflichtend, daß es eine selbstgesetzte Bedingung ist, und auch nicht aus der Welt zu schaffen dadurch, daß es als solche erkannt wird.

Dafür weist Friedlaender an einer Stelle dann selbst auf die Problematik, die jeder Ethik innewohnt — und auch auf eine Lösung, die einen Gutteil der Probleme, allerdings auch seiner Philosophie, aus dem Weg räumen würde. Ernst Marcus, von dem Friedlaender den Gedanken übernimmt[79], sagt es so: »Es ist eigentümlich, daß sogar die

Unerkennbarkeit des ethischen Endziels als *notwendig* eingesehen werden kann. Denn wenn es erkennbar wäre, so würden wir nur um des Zieles willen, also nicht frei aus Achtung vor dem Gesetze, daher nicht mehr sittlich handeln.«[80] Da wäre also das Unvermögen, zu erkennen, warum wir überhaupt und warum wir in einer bestimmten Weise sollen sollen, Bedingung der Möglichkeit sittlichen Handelns. Könnten wir den Sinn des Sollens erkennen, geschähe unser sittliches Handeln nicht mehr um seiner selbst willen und wäre daher unmöglich. Die Frage, warum wir Magier, Selbst, Schöpfer werden sollen, ist also hinfällig.

Warum aber das, was für die Frage nach dem Sinn des Sollens richtig ist, nicht auch für das Sollen selbst gelten soll, für die Forderung, Magier zu sein — dazu sagen Friedlaender und Marcus nichts. Dabei macht mir doch nicht nur die Erkenntnis, *warum* ich soll (und warum ich so soll), sondern auch die Erkenntnis, *daß* ich überhaupt soll (und daß ich so soll), unmöglich, unbedingt zu handeln. Lebenssinn, ethische Forderungen, moralische Imperative vernichten, indem sie als solche erkennbar (oder auch fühlbar) sind, sich selbst — was ich erkannt habe, dem kann ich unmöglich als Unbedingtem folgen. Dem, was ich *soll*, unbedingt zu folgen, ist unmöglich, weil der Begriff des Sollens schon den der Schuld in sich trägt, die ich auf mich lade, wenn ich der Forderung nicht genüge. Ob ich also aus Nützlichkeitserwägungen oder aus ethischen Gründen handele, dessen kann ich nie gewiß sein, wenn es ein Sollen gibt, das ich erkannt habe.

Würde Friedlaender Marcus' Gedanken konsequent fortführen — und ihn nicht nur dort aufbauen, wo unangenehme Fragen abzublocken sind —, müßte er seinem

Absoluten (Selbst/Vernunft/Sittlichkeit) allerdings das Ausgeben und seine Philosophie und die von ihm entworfene Lebensweise als Modell, Strategie, Angebot bestimmen, über deren Bezug zum Unbedingten nichts zu erkennen und nichts zu fühlen und nichts zu bestimmen ist. Dann wäre es aber auch nicht mehr möglich, das Ich als göttlich, die Welt als notwendig, Alter und Tod als Knechtung unserer göttlichen Vernunft und damit überwindbar zu bestimmen; und was bliebe, könnte von uns oder Friedlaender bestenfalls noch als jene »Imitation eines interessanten echten Lebens« verstanden werden, wie sie Justizrat Berghaupt in der *Bank der Spötter* zu führen vorschlägt[81]. Haltung ohne die Gewißheit eines Halts, der nicht sie selbst ist, ist aber nun wahrscheinlich nicht sehr befriedigend – weil ja mit der Erkenntnis der Unmöglichkeit von Sicherheit nicht schon das Bedürfnis nach Sicherheit, nach absoluter Gewißheit des Absoluten fällt. Da wäre es vielleicht angenehmer, das Sollen selbst und die Haltung ihm gegenüber als Teil jenes Mechanismus (und nicht als Hebel dazu) zu verstehen, den Mynonas Ingenieur Hilberle in *Der Bettelreiche* so beschreibt: »Die Menschen sind Automaten, ohne leider es zu wissen und zu wollen. Wären sie's mit Wissen und Willen, so würden sie dadurch, daß sie niemals irren könnten, präziser, vollkommener leben.«[82] Ja, verlockend wäre das ... wäre, denn: leider kann sich als Automat ja nur bestimmen, was keiner ist – und daß er keiner ist, dessen kann der Mensch sich eben nicht sicher sein.

VI. Übung macht den Magier
oder: Konstituenten magischer Praxis

»So verfügt gerade das ›Nichts‹ von allem, was wir unterschiedlich erkennen, über die allmächtige magische Schöpferkraft«, sagt Friedlaender[1]. Diese Kraft sieht er durch Kant entdeckt, der, »mit seiner ›Macht des Gemüts‹, das Zeitalter der wissenschaftlichen Magie« eröffnet hat[2]; im Anschluß daran lehren Ernst Marcus und Salomo Friedlaender jene Magie, deren Macht die Vernunft ist. Aber das ist schon eine der Konstituenten magischer Praxis, die Einsicht nämlich: daß sie gelernt werden muß; daß die Schöpferkraft nicht im Selbstlauf tätig ist und das Nichts nicht ist, wenn es nicht erarbeitet wird; daß das Wissen um das Geheimnis des Lebens, wie es die Schriften Kants, Marcus' und Friedlaenders aufbereiten, notwendig ist, aber nicht hinreichend; daß »das Leben und seine Magie ewig ein Hindernisrennen« ist[3].

Mynona läßt es eine seiner Figuren so sagen: »Schöpfer zu sein ist nicht leicht, es gehört dazu ein von aller Äußerlichkeit reines Inneres. (...) Erstlich gehört also zu dieser (magischen Wirksamkeit; d. Verf.), daß man sich in seinem Innersten mit nichts anderem identifiziere als mit dem Schöpfer. Die mannigfachen ekstatischen Konfessionen aller Zeiten beweisen, daß dies keine so große Seltenheit ist. Denken wir an die Inder, an das Urchristentum, die Neuplatoniker, die gewaltige mittelalterliche Mystik, eine Strömung, die sich bis in unsere Tage fortsetzt. Aber die zweite Bedingung wäre, daß man, dermaßen schöpferisch in und mit sich selber identifiziert, daß man, als ein solches göttliches Selbst, nicht etwa aufhörte, sich weltlich-profan-alltäglich zu betätigen; sondern im Gegenteil, daß man dies jetzt gerade in vollster Energie täte.«[4]

Magie ist Sache einer umfassenden, über das Akzeptieren der Theorie hinausreichenden Praxis, und die entwickelt sich nicht naturwüchsig. »Übung macht den Magier«, sagt Friedlaender[5], und weil Übung nicht Vorbereitung ist, sondern zur Aktion gehört, ist (Selbst-)Erziehung zur Magie Teil magischer Praxis. Das gilt auch für die theoretische Herausarbeitung der Magie: Friedlaenders Praxis als Entdecker (seiner philosophischen Thesen und ihrer Darstellung), als Kritiker und als Literat ist ineins Selbsterziehung zur Magie und entfaltete magische Praxis für sich (und pädagogische Aktion gegenüber dem Publikum — aber ob das im Selbstverständnis Friedlaenders ein gesonderter Aspekt ist, ist fraglich). Im folgenden soll ein Blick auf jene einfachen Konstituenten magischer Praxis geworfen werden, die allgemeingültig sind; dann auf jene zusammengesetzten Formen (etwa die literarische Groteske), in denen Friedlaender den Teil seiner magischen Praxis gestaltet, der mit seiner schriftstellerischen Aktivität zusammenhängt; zunächst aber auf den Zusammenhang zwischen den beiden Aktionsfeldern: Reinigung des Ichs von aller Differenz und Tummeln in der Welt.

In diesem letzten Punkt, in der Frage nach dem Verhältnis von Indischem und Amerikanischem in Friedlaenders Konzeption, ergibt sich leicht ein Mißverständnis, begünstigt durch Formulierungen wie die folgende: »Unterscheidet man nicht *schneidend scharf* (wie durch Guillotine) unser *Innen*, unser inwendigstes ICH, vom Außen, zu dem schon der Leib und überhaupt alles und jedes *Differenzierte* gehört, — *desinfiziert* man das ICH nicht von allen diesem differenzierten Außen — so ist selbst unter den allerglücklichsten Umständen nichts zu hoffen, aber auch unter den allerunglücklichsten Alles, *wenn* man das ICH allein unversehrt erhält.«[6] Nun ist in Friedlaenders Konzeption das indifferenzierte Innere oder die Versenkung ins Nichts aber nicht (wie bei manchen technokratischen Gestaltungen des Buddhismus) als Gegengewicht zu einer beliebigen, vielleicht rauhen oder menschenverletzenden Praxis auf freier Lebensbahn gefaßt oder als Erholung davon oder Vorbereitung darauf; und das Selbst ist auch nicht (wie in manchen Varianten des Stoizismus) Selbsthalt gegenüber einer in jedem Fall Enttäuschung bringenden und insofern gleichgültigen äußeren Praxis. Zwar kann auch für Friedlaender das entdifferenzierte Innere Gegengewicht sein — aber das geht nur für kurze Zeit und ist nicht Ziel der Aktion, deutet vielmehr darauf, daß die magische Praxis verunglückt ist oder, aus welchen Gründen auch immer, nicht voll entfaltet werden kann. (Das ist in gewisser Hinsicht Friedlaender selbst widerfahren: »Als Kopernikantianer kultiviere ich die Magie des noumenalen Ich-Heliozentrums inmitten dieses immer noch chaotischen Lebens«, schreibt Friedlaender 1946 in einem handschriftlichen Zusatz zu seiner autobiographischen Skizze[7].) Sich entdifferenzieren heißt die Differenzen aus dem Ich heraustreiben. Das ist nur möglich, wenn sie ausgelebt werden, und das wiederum muß in einer bestimmten Weise geschehen.

So ist das mystische Erlebnis, als das vollentwickelte magische Praxis durchaus angesprochen werden kann —

Friedlaender selbst sieht zwischen Kant und Meister Eckehart keinen wesentlichen Unterschied —, bei Friedlaender nicht eine von der übrigen Praxis gesonderte Aktivität. Sich-in-sich-versenken oder Sich-in-Gott-versenken, entdifferenziertes Fühlen, Berührung mit dem Absoluten, vollständige Entäußerung, unio mystica oder wie immer es genannt werden mag — es vollzieht sich nicht abseits von der Welt und nicht wesentlich in Ekstase oder Gebet oder Meditation oder Musik oder reinem Denken oder ähnlichem (all das sind höchstens Elemente). Magische Praxis ist nicht eine zwar verklammerte, aber doch doppelte Aktion, bei der der Mensch auf der einen Seite die durch das Auftreten des (Selbst-)Bewußtseins begründeten und durch den Kulturfortschritt ausgebauten Trennungen mit Hilfe mystischer Praktiken zurücknimmt; auf der anderen Seite in einer unveränderten Welt der Differenzen herumfuhrwerkt. (Und es geht Friedlaender übrigens auch nicht um ein an dieser Stelle naheliegendes Ziel, um das weitere Vorantreiben der Differenzierungen auf der Weltseite, unternommen zu dem Zweck, daß neben dem Ungeschiedenen auch die Welt des Differenzierten wirklich genossen werden kann: dadurch, daß das Einzelne zur Reinheit gebracht wird, freigemacht von inneren Widersprüchen und Beimischungen — eine Aktivität, die forcieren würde die in der Entwicklung der Kultur zwar schon fortgeschrittene, dennoch auch heute nur mangelhaft entwickelte Differenzierung etwa von Liebe und Aggression, Eros und Sexus, Ethik und Interesse, Leben und Tod...) Vielmehr ist es für Friedlaender die gesamte Lebenspraxis, die das Magische begründet oder magisch zu nennen wäre.

Die einzelnen Komponenten, aus denen sich eine solche Praxis baut, bringt Friedlaender nicht in systematischer

Ordnung vor. Deutlich genug wird allerdings in seinem Werk, was er für unerläßlich hält für einen Menschen, der magische Herrschaft über sich und die Natur errichten will: Er muß Einsicht haben in die Theorie der Magie, sich selbst erziehen, logisch jonglieren, moralisch handeln und objektumgeben äquilibrieren.

Einsicht

»Vernünftiger Wille ist der eigentliche Magier, ohne den wir weder fühlen und anschauen noch handeln könnten.«[8] Als magisches Ich wohnt er, unter dem Menschen und seinen Aktionen vergraben, in einem jeden Individuum. Um aber magisch voll wirksam sein zu können, darf er nicht nur Bedingung, muß er auch Ziel und als solches auch eingesehen sein. »Unwillkürlichkeit ist nur der Nullgrad der Willkür«[9], muß sich also polarisieren, um zu sich zu kommen. So gibt es intuitiv richtiges, unwillkürlich magisches Handeln für Friedlaender in Annäherung vielleicht bei Künstlern, wesentlich jedoch nicht. Zur magischen Vernunft gelangt nicht, wer die Theorie der Magie nicht kennt und sie nicht als einzig richtig einsieht. Einsicht heißt: Glaube an die Wirksamkeit der Magie und das Bekenntnis zu jenem absolut sicheren Wissen um die Zusammenhänge der Magie, das durch Kant, Marcus und Friedlaender eröffnet ist.

Selbsterziehung

Dem magischen Willen stellt sich — innerhalb der Grenzen der Gesetzlichkeit von Natur und Vernunft — kein Hindernis, das er nicht überwinden könnte. Aber nicht nur einsehen muß er sich, sondern auch sich einüben in sich, um überhaupt wirksam sein zu können. Eine vollgültige magische Praxis mag sich, indem die willkürliche Steuerung zu einem fast organischen Handlungsablauf wird, selbsterhalten können. Zunächst aber heißt es mit Hilfe bestimmter Techniken zu lernen, das Unwillkürliche in Willensakte zu überführen, denn Entschluß und Erleuchtung allein machen aus dem Menschen noch keinen Magier. Übungen, die den Einstieg in die Magie ermöglichen: träumerisches Spielen, Ausschalten von Begriffen und damit Dämpfung der mit ihnen in Zusammenhang stehenden Empfindungen und Gefühle (wie Schmerz, Unlust), Orientierung an Vorbildern, Schulung der Willensstärke, Konzentrationsübungen, Körperpflege... hat Friedlaender vor allem in seinem *Katechismus der Magie* aufgeführt — von dem, was in aller Art Anleitungen zur Selbstbeherrschung und Handbüchern zur Technik des Glücks zu finden ist, unterscheidet sich das dem künftigen Magier Empfohlene wenig.

Logisch Jonglieren

Magier sein heißt sich als Nichts der Differenzen konstituieren: »Die Null ist eigentlich der Zählende selber, die schöpferische Größe aller Zahlen«[10]. Die Konstitution vollzieht sich, indem der sich zum Unterschiedslosen/

Null/Magier Erhebende das Unterscheidbare handhabt wie ein Zirkusjongleur Bälle. Ist das Kunststück keine gesonderte Tätigkeit mehr, sondern die gesamte Lebenspraxis, ist Magie vollendet durchgeführt. Damit es dazu kommt, müssen die Differenzen erst einmal so entworfen werden, daß sie logisch handhabbar sind und das Selbst mit ihnen spielerisch umgehen kann: nicht negiert werden sollen die Gegensätze noch abgetragen oder stehengelassen, sondern so logisiert, daß das Selbst sich als ihr Schöpfer/Nichts konstituieren kann. Zum Beispiel: »Sie erkundigen sich nach der Existenzberechtigung des Teufels. Die Frage ist schrecklich einfach zu beantworten: soll die himmlische Allmacht nicht vor Trägheit, Langeweile, vor Sterilität und also Tod geradezu stinken, verzeihen Sie schon! so braucht sie ein Material, einen Arbeitsstoff, einen Widerstand, welchen sie eigentlich sich selber leistet, ein Objekt — voilà, und dieser widerspenstige Gegenstand ist, nicht wahr, der Teufel, die tückische Niedertracht.«[11] Oder so: »Man sehnt sich nur nach sich selber, nie nach was anderem, das letzte scheint nur so. (...) Das Gute liegt nicht nur nah': es ist mit uns identisch — aber man soll das freilich *wissen*!«[12] Oder so: »Bosheit ist nur die Unbeholfenheit der Güte, ihren Überreichtum zu verwalten.«[13] Undsoweiterundsofort, Friedlaenders Schriften in jeder Sparte sind für die Operation als Lehrbuch verwendbar.

Moralisch Handeln

»Moral wohnt uns organisch inne. Aber ihre abstrakte Formel sollte schon den Schulkindern eingeprägt werden, um

Irrtümer in der Anwendung zu verhüten. Den Unterschied zwischen Gut und Böse sollte man wissenschaftlich erkennen.«[14] Der Magier erkennt das moralische Gesetz und handelt danach unbedingt: reglementiert die natürlichen Triebe und rationalen Zwecksetzungen damit, unabhängig von der Frage, ob er damit dem Menschen mehr Glück bringt oder nicht. Ein Handeln, das nicht ethisch ist, kann nicht autonom sein, nicht Indifferenz als Zentrum haben. Die Verbote und Gebote, die durch das moralische Gesetz begründet sind und sich logisch entwickeln lassen wie mathematische Gesetze, sind in Friedlaenders Lehrbuch *Kant für Kinder* und Marcus' Schrift *Das Gesetz der Vernunft und die ethischen Strömungen der Gegenwart* aufgezählt. Als »Soldaten der eigenen Vernunft gegen die fremde Natur«[15] stehen die Menschen ihnen gegenüber in der Pflicht — so sie Magier sein wollen müssen und nicht alles natürliches Geschehen bleiben soll. Und als solche müssen sie sich auch in ihrer Gesinnung und in ihrem Streben um rigorose Befolgung der Gebote und Verbote bemühen. Rigorosität allerdings kann der Magier nicht in Weltabgeschiedenheit und Selbstgerechtigkeit entwickeln, denn, um es mit einer Figur Mynonas zu sagen: »Reinlichkeit besteht ja nicht darin, daß man sich nie besudelt, sondern im Baden, Waschen, in der ewig wirksamen Sauberkeit, welche den Schmutz nie zu scheuen braucht, weil sie gewiß ist, daß er ihr niemals anhaften wird.«[16] (Übrigens finden sich hier wie in so manchen anderen Ausführungen Mynonas Anklänge an die von einigen anderen philosophischen und religiösen Richtungen vertretene Auffassung: höchste Tugend besteht nicht in der Vermeidung von Sünde oder unmoralischer Haltung, sondern jener Mensch hat sie verwirklicht, der systematisch gegen die — auch von ihm akzeptierte — Moral verstößt, ohne dabei an seiner Seele und Tugendhaftigkeit Schaden zu nehmen. Doch ist nur ein Anklang davon in Friedlaender und nicht mehr.)

Objektumgeben Äquilibrieren

Letztlich ist göttliche Orthopädie eine Sache der Lebenslogik im umfassenden Sinn, also nicht Sport, nicht ein nur in einzelnen Bereichen gültiges Gestaltungsprinzip, nicht eine Angelegenheit allein der Gedanken, des Spiels, der Träume. Der erfolgreiche Jongleur steht inmitten der Objekte auf offener Lebensbahn, nimmt sie in die Hand, läßt sich von ihnen berühren: »Die wahre Ataraxie besteht nicht in der Abwesenheit, sondern im äquilibrierenden Kontrebalancement der seelischen Erschütterungen, in deren zur Wiege gewandeltem Erdbeben.«[17] Magie besteht darin, die Gegensätze nicht zu schlichten und ihnen auch nicht zu verfallen, sondern sie so zur Wirkung zusammenzunehmen, daß sie beherrschbar sind. Je mehr das Selbst dabei schon entdifferenziert ist, desto geringer ist die Gefahr, daß der Mensch sich in den Differenzen verliert oder Opfer seiner eigenen Schöpfung wird. »Keine noch so ferne Extravaganz der Person ins Objekt kann zur Selbstvergessenheit führen, sobald sich das eigenste Selbst nicht mehr mit Differenz gemein macht, sondern diese objektiviert und der eignen Ausnahmestellung als der Indifferenz stets eingedenk bleibt.«[18] Sich entdifferenzieren heißt: die Gegensätze aus sich heraustreiben, sodaß sie beherrschbar werden; und damit ineins: die Gegensätze so aus sich heraustreiben, daß sie beherrschbar werden.

Wie die Gegensätze gestaltet werden müssen, damit das Selbst sich als Mitte von Trennung und Verbindung konstituieren kann — die allgemeine Antwort auf diese Frage fällt Friedlaender leicht: Das Selbst muß die Objekte als Spiegel seiner eigenen Empfindung nehmen können, so daß es als Setzendes vom Gesetzten nur als Selbstunterschied geschieden ist, in Identität, aber nicht als Opfer seiner eigenen Aktion (Opfer der Serialität, der Raum-Zeitlichkeit der Objekte, der unvermeidbaren Vergegenständlichung des Handelns, auf dem andere Theoretiker aufbauen). Wesentlich dafür ist, die Stelle, von der aus die Differenzen hervorgebracht und balanciert werden, am richtigen Ort anzusetzen: so genau, daß die gewünschten gedanklichen und lebenslogischen Reduktionen vorgenommen werden können, daß nicht auf den Gegenpol, sondern auf den Schöpfer/Nullpunkt reduziert wird. Also etwa: das Böse ist die Maske des Guten, die Hölle die Verrenkung des Himmels, Haß sich nicht selbst erkennende Liebe usw. bis zum: »In Marcus schätze deinen besten Wächter! / Dann duftet selbst der Krieg nach Friedens-Flieder, / Das sicherste Vertrauen kehrt Dir wieder / Du siehst den Engel noch in jedem Schlächter.«[19]

Kann solch magisches Schöpfen etwas anderes sein als die Begründung einer besonderen Auffassung von Welt? Für Friedlaender kann es das, muß es das sogar, denn das sagt er ja immer wieder: daß das Äquilibrieren von der Mitte aus geschehen muß, nicht von einem der Welt gegenüberliegenden Standpunkt; daß es ihm nicht um ein stoisches Nichten der Bedeutung von Gegensätzen geht und nicht um ein epikuräisches Abstehen von Enttäuschungsquellen und nicht (wie in den Hauptströmungen der christlichen und jüdischen Religionen) um die Orientierung auf ein zu sonderndes Absolutes, sondern um ein Leben durch das Differente. Die Welt neu aufzufassen also ist Friedlaender — obwohl Auffassen ja durchaus eine Form der Konstitution von Welt ist — nicht genug; nur Auffassung, und sei es richtige, sogar irreführend. Was nun aber Hinweise betrifft, wie der Anspruch eingelöst, wie zielführend äquilibriert werden kann, findet sich in Friedlaender wenig. Die meisten seiner Konkretisierungen bezeichnen doch nichts anderes als die Begründung einer besonderen Auffassung von Welt, so: »Bei Angstzuständen fassen Sie diese als die Nachtseite der verborgenen antipodischen Tagseite auf, als *Beweise* ihres Gegenteils, & versehen Sie diese Nacht also, kraft des zwischen Tag & Nacht befindlichen, beide differenzierenden ∞, cum grano luminis. Schimpfwörter sind negative Kosenamen. In jeder Antipathie ein Körnchen Zucker, in jeder Sympathie ein Salzkorn. Melancholie ist nur die Hälfte der Melancholie (...)«[20]. Nur wenige Bemerkungen Friedlaenders deuten darauf, wie von der Veränderung auch Aktivitäten betroffen sein können, die etwas anderes sind als ein Auffassen der Welt — so wie eine Notiz zum Thema Krieg und Frieden: »Der Krieg zum Beispiel enthält in sich selber einen Gegensatz, etwa zwischen Deutsch und Englisch. Der Friede aber ist gar kein Gegensatz zum Kriege, nicht dessen andrer Pol, sondern dessen Sinn, Seele, Individuum: das schöpferische Zentrum aller Diametrik. Der Friede bedeutet die Überwindung des Krieges, keineswegs im Sinne von Vernichtung, sondern von gleichsam musikalischer Beherrschung und Besiegung alles Widerstreits. Der echte Polarist wird also Pazifist sein müssen«[21].

Was aber die vorbildhaft wirkenden literarischen Gestalten Mynonas angeht, die in mancher Hinsicht am meisten erahnen lassen, so bleibt auch bei ihnen manches undeutlich. Da ist etwa Ivo Herzmann aus dem *Eisenbahnglück*: Der geht zu einer Prostituierten allein, um »aus dem Bette der Wollust einen Turnierplatz der Stoik« zu machen, um sich die Unabhängigkeit seiner Vernunft und Freiheit von allen äußeren Erschütterungen zu beweisen und sie auf diese Weise zu stärken[22] — nun soll die Welt nach Friedlaender aber nicht ertragen, sondern hervorgebracht werden, und zudem verbietet die Kantsche Ethik, zu der Friedlaender steht, Menschen als Mittel zu benutzen. Und was jene »Erhabenheit« angeht, die Gumprecht Weiß in *Der Schöpfer* verspürt, jenes »traumhafte Einheitsgefühl«, »schöpferische Gleichgewicht des Willens«, »ich bin es, aber ich bin in einem bunten Dunkel über mich selber«, »süßes Spielzeug alles um mich her« ... nun ja, mystisches Erleben läßt sich nun einmal verbal nicht fassen. Wie sagt Mynona im übrigen: »Nur die Blitzdummheit hat donnernden Beifall. Denn was ist der Mensch, wie er nun mal ißt? Der übelriechende Umweg, den die Speise macht, um Dünger zu werden... Jedenfalls klopft der gute Autor seine guten Leser aus wie Teppiche, und an den schlechten wird er zum Staubsauger, ja zum Müllschlucker... alas, poor Yorik!«[23]

So gibt es wenig Anleitendes, in dem jedoch, was Friedlaender als Äquilibrieren auf höchster Stufe gilt, keine Unklarheit: Es ist die aktive Beherrschung der äußeren Gegensätze, die Unterwerfung der Außenwelt (einschließlich des Körpers des Unterwerfenden) unter das Ich. »Es ist eine vollkommene Scheinwelt: — diese Abhängigkeit des Ich vom Leibe, von irgend etwas in dieser Welt, ist Schein, aber ein derart massiver, daß sogar noch Kant faktisch darauf hineinfiel«[24]. »*Wer* sein apriorisches Ich zur polarisierenden Indifferenz des empirischen macht, der *äquilibriert* das Leben.«[25] Illustriert ist dies etwa durch das, was Josua Zander — »das Symbol des *autonomen* Menschen in den Armen und Fäusten eines heteronomen Sozialismus, der Hitlerei«[26] — in der Groteske *Der lachende Hiob* vorführt: Zander wird ins KZ geworfen und mißhandelt, aber er ist kein Opfer; letztendlich gelingt es ihm, den Tod zu überwinden, den Führer und seine Leute zu besiegen, sie zu Vernunftmenschen zu erziehen, weil er, der Held, »das Gesetz meines Ich, meines Geistes, meiner Vernunft so radikal von allem Naturgesetz befreit, daß die Naturgesetze dem meines Geistes gehorchen«[27].

Vielleicht erwarten manche Leser und Leserinnen an dieser Stelle einen Kommentar des Verfassers, eine Wertung vielleicht: daß es sich um Allegorie handelt oder Wesensschau oder Unfug, vielleicht gar die Bemerkung, da sei die Lehre der Stoa — weil umsetzbar — doch besser als Friedlaendersche Visionen. Aber, nein bitte, wie sagt Mynona: »Oh schöne Zeit, wo man die fremden Autoren abschaffen und nur noch selbstgebackenen Geist essen wird!!«

* * *

Einsehen, sich Erziehen, logisch Jonglieren, moralisch Handeln, objektumgeben Äquilibrieren, von diesen Formen darf nicht eine fehlen, daß magische Praxis wirksam sein kann. Andere Formen hingegen sind zwar nicht konstituierend, aber ausgezeichnete Hilfsmittel. Die beiden wichtigsten sind Sprechen und Lachen.

Sprechen

(Es geht hier um den Bereich, in dem Sprache nicht in Funktion zu den oben genannten Konstituenten steht, also nicht Mittel ist, logisch zu jonglieren, moralisch zu handeln usw. – Aktionen, die ohne Sprache nicht möglich sind.) Bezeichnen heißt unvermeidlich sondern (von Bezeichnetem und Bezeichnendem), Sprechen bedeutet immer Teilung des Ganzen, Konstitution von Gegenüber oder Vertiefung der Spaltung. So liegt es nahe, in Friedlaender den »Sprachskeptiker« zu vermuten oder einen, der ähnliche Positionen der Sprache gegenüber einnimmt wie die großen Mystiker praktisch oder Mauthner oder Wittgenstein theoretisch. Aber für Friedlaender gibt es keinen Weg zurück, können mystische Einkehr, Schweigen, Reduktion des Bewußtseins die erforderliche neu-alte Identität nicht herstellen. Nur dadurch sind die Differenzen aus dem Selbst herauszutreiben, daß sie ausgelebt werden, und das heißt in bezug auf die Sprache: sie muß exzessiv genutzt werden. Für Friedlaender gilt auch (auch – denn er nutzt Sprache nicht nur so): Je mehr ich spreche, benenne, jongliere, desto mehr verlagere ich die Widersprüche in einen Bereich, in dem ich sie im Griff habe und wie eine gymnastische Übung durchturnen kann. »Alles Sprechen ist übrigens nur ein Schweigen auf vorlaute Manier. Also sprechen wir. Es ist so erlösend, sprechen zu können, wenn man weiß, daß man nichts damit sagen wird«, heißt es bei Mynona[28]. »Ich wünsche mir ein LEERES Buch, 100.000 Seiten stark. Habe noch Stoff auf 1.000 Jahre, bin also noch so jung, jung, jung nur eben nicht gerade körperlich«, schreibt Friedlaender im Alter von dreiundsiebzig Jahren[29]. Und 100.000 Seiten sind wirklich noch angesagt, auch nach Tausenden Seiten Wortkaskaden noch, Sprachspielereien, Virtuositäten. Denn unermeßlich ist die Zahl der logisch-sprachlichen Möglichkeiten, die es durchzuprobieren gibt, der Sentenzen nach Art des oben zitierten »Rausch ist ein Motor, wenn man mit Flügeln ihm nachkann« (genausogut wäre schließlich »Flügel sind ein Motor, wenn man im Rausch ihnen nachkann« oder »Rausch ist ein Flügel, wenn die Motoren streiken« undsoweiterundsofort) und der darüber zu bauenden grotesken Entwicklungen. Und im Schreiben geht es nicht allein, ja quantitativ zum geringsten Teil, um die Herausarbeitung der sprachlichen Fassung einer philosophischen Entdekkung, vielmehr sind Schreiben und Sprechen für sich magische Praxis — und die findet nie einen Abschluß.

Lachen

»Das schöpferische Prinzip ist vor allem lachend!«, sagt Friedlaender[30]. Auch das Lachen konstituiert Distanz, besser: es formuliert sie — und überbrückt damit den Abgrund, in den zu fallen droht, wer ihn ernst nimmt. So ist Lachen ein weiteres, eines der wichtigsten Mittel (und nicht so leicht wie das Wort mit der Illusion zu behaften, es gäbe einen wesentlichen Inhalt jenseits der Form), nicht in der Welt der Differenzen zu versinken, sondern ihr gegenüber sich unversehrt zu halten. »Der Humorist ist der Hofnarr Gottes«, sagt Friedlaender. »Der allzumenschliche Alltag ist die pathologisch unfreiwillige, der humoristische Alltag die göttlich freiwillige Verrenkung der Welt, ein diviner Luxus.«[31] Ohne Humor geht nichts, hält Friedlaender seinen Kritikern immer wieder entgegen, und wenn er ein Werk — wie Ernst Blochs *Geist der Utopie* — »fürchterlich ernst, würdevoll und feierlich düster« nennt[32], so ist es für ihn damit schon erledigt. Allerdings das richtige, schöpferisches, nicht hilfloses oder schadenfrohes oder entsetztes, vielmehr Ich-konstituierendes Lachen muß es sein: »Es ist leicht, überhaupt zu lachen: allein weise zu lachen: so zu lachen, daß man alle Lacher, auch den Ausgelachten auf seiner Seite hat, befreiend, erlösend, aufklärend zu lachen, vermögen (außer Nietzsche-Zarathustra) nur wenige Menschen, nur Lessinge, die nicht Theodor heißen.«[33] Lautes Lachen ist da angesagt, drastischer, grotesker Humor, keine feine Ironie — denn nicht ein auswegloses Leben soll verspiegelt und nicht Distanz im Innern geschaffen, sondern das Differente herausgeschleudert und das Selbst als Reines konstituiert werden. »Grimmigvergnügt« nennt Friedlaender darum Mynona, »eine Art lachender Kant«[34], und wer in seinen Schriften die feine Klinge, den leichten Ton, das in jeder Beziehung (auch gegen das Selbst) Spielerische vermißt, der bescheinigt Friedlaender, seine Absicht richtig durchgeführt zu haben. Daß es prinzipiell noch eine andere Möglichkeit gibt, deutet Friedlaender allerdings selbst an. Mynonas Humor, sagt er, ist »spielerischer Notbehelf. Der echte Humor, z. B. derjenige der Musik, braucht die Welt nicht possenhaft zu vergewaltigen. Sein Lächeln, seine Seligkeit durchdringt die Gegenstände unmerklich, ohne sie äußerlich zu brutalisieren.«[35]

VII. Lehrbuch bis Groteske
   oder: Friedlaenders Praxis
   als Schriftsteller

Handlungsformen müssen, damit Magie wirksam werden kann, zu Lebensweise konkretisiert werden. Zu den verschiedenen Möglichkeiten, die hierfür bestehen, gibt Friedlaender, außer durch die Schilderung einiger vorbildhafter literarischer Gestalten in den Grotesken und Phantasien Mynonas, wenig Hinweise. Hingegen liegt seine eigene Lebensweise, soweit sie in schriftstellerischer und forscherischer Tätigkeit besteht (und etwas anderes interessiert hier nicht), offen. Diese Tätigkeit ist selbst magische Praxis, und zwar sowohl dort, wo sie explizit Entwicklung und Darlegung dessen ist, was magische Praxis ist, als auch wo sie wesentlich im Jonglieren und Äquilibrieren besteht und damit implizit zeigt, wie Magie aussieht und aussehen kann. Daß Friedlaender auch für ein Publikum schreibt, ändert nichts daran, daß er sich schreibend zum Magier bildet. Seinem Selbstverständnis nach darf das Schreiben allerdings nicht nur für sich sein, sondern muß sich auch ans Publikum richten: Nicht nur der eine Mensch Friedlaender soll Magier werden, sondern der Vernunftmensch sich in jedem Einzelnen durchsetzen. »Meine Bücher, wissen Sie, sind allerlei rote Tücher«, schreibt Mynona, »und man hat sie aus Rücksicht auf Ochsen ad acta gelegt. Sie flatterten, Fahnen, der Wahrheit eine Gasse (leider keine Kasse).«[1] Friedlaender will und muß wirken, und er ist auch überzeugt davon, daß er mit seinen Büchern, mit der Darlegung eines, wie er Anfang der vierziger Jahre sagt, »Unternehmens«, das »endlich die Analogie zu Kolumbus und Kopernikus (ist), die auch Kant verfehlt hat«[2], einen entscheidenden Beitrag zum allgemeinen Sieg der Vernunft leisten wird. Den nämlich sieht er voraus: Der Vernunftmensch »hat bisher LATENT immer & ewig gesiegt. Er allein wird über dieses blutige Kuddelmuddel schließlich auch APPARENT triumphieren; denn seine Versklavung, Sterblichkeit, Allzumenschlichkeit sind nur die, WENN man KANTS Lehre einmal ›offiziell‹ (auch offizinell) einführt, sich lüftende Maske seines Gesichts.«[3]

Vielleicht wäre hier die Frage zu stellen, ob Friedlaenders Philosophie ihrem Selbstverständnis nach den Sieg in den Seelen und Köpfen aller Menschen überhaupt braucht, um wirksam sein zu können. Und wo liegt die innerphilosophische Begründung dafür, daß magische Praxis nicht von vornherein auf Selbstgenügsamkeit gerichtet ist und daß Friedlaender überhaupt überzeugen will? Biographen würden vielleicht behaupten, daß ein Mensch, der sich für den größten Entdecker der Weltgeschichte seit Kolumbus hält, diese seine Weisheit und die Lehre, auf die sie sich stützt, wohl kaum bei sich behalten mag. Aber so etwas vorbringen heißt ein Motiv unterschieben, und um Motive geht es hier nicht. Die Frage, warum Friedlaenders Philosophie nicht selbstgenügsame Magie begründet, ist nicht einfach zu lösen, vielleicht überhaupt nicht, denn Friedlaenders Konzept ist an dieser Stelle widersprüchlich. Soweit es sich auf das Vernunftgesetz baut, ist die Antwort eindeutig: das Vernunftgesetz ist allgemein und unbedingt

Rückantwort

Junius Verlag GmbH
Siegfried Breitkreuz
Postfach 50 07 45
Stresemannstraße 375
2000 Hamburg 50

Bitte als
Postkarte
frankieren

Informieren Sie mich bitte künftig kostenlos und unverbindlich über die Neuerscheinungen des Junius-Verlages.

Ich interessiere mich vor allem für:

☐ Geschichte ☐ Lateinamerika ☐ Sammlung Junius

☐ Philosophie ☐ Dritte Welt ☐ Reihe ›zur Einführung‹

☐ Politik ☐ Osteuropa ☐ Gesamtprogramm

☐ Biographien ☐ Nahost

Absender: Datum:
(bitte in Blockschrift ausfüllen)

_____ _____
Name Vorname

_____
Straße, Hausnummer

_____ Ort _____
PLZ

Diese Karte entnahm ich dem Buch: _____

Ich bin damit einverstanden, daß diese Angaben **ausschließlich** für Zwecke der Verlagsarbeit gespeichert und automatisch verarbeitet werden.

gültig, man kann es also weder für sich behalten noch universalisieren, das heißt: Die ganze Frage ist hinfällig. Soweit Friedlaenders Philosophie sich aber als Methode präsentiert, mit der ein Mensch sich von der zuhandenen Welt unabhängig machen, ja mit der er sie für sich überwinden kann, ist es unsinnig, irgendjemanden überzeugen zu wollen. Also ist das Ganze vielleicht nur eine identitätsvermittelnde Überlistung des Menschen durch das Selbst, ein so zu beschreibender Akt: Die Annahme, eine Philosophie sei allgemeingültig und der Nachweis ihrer Allgemeingültigkeit sei notwendig, ist Bedingung dafür, daß diese Philosophie in ihren Trägern als selbstgenügsame magische Praxis wirksam werden kann. »Ein Phänomen des Erkennens ist Philosophie nur auf der Fläche«, sagt Friedlaender. »In ihrer Tiefe ist sie die Sehnsucht nach Weltaneignung.«[4]

Die wichtigsten zusammengesetzten Formen, die — ineins magische Praxis und ihre Darlegung — mit der Schriftstellerei Friedlaenders in Zusammenhang stehen, sind: philosophisches Werk, Lehrbuch, Kritik, Propaganda, Lyrik, Autobiographie, Groteske. Die politische Stellungnahme gehört nicht zu den wichtigsten, aber doch immerhin zu den Formen und wird darum hier dazugestellt.

Philosophische Werke

»Philosophieren *bedeutet*: Aufschluß verlangen über den Grund der Ohnmacht unserer tiefgefühlten Allmacht«, sagt Friedlaender[5]; und — geeignet zum Gegenlesen —: Philosophie ist »reine Vernunfterkenntnis aus bloßen Begriffen«[6], Selbstentdeckung des Magischen, Voraussetzung magischer Praxis und diese selbst. Und auch die Darlegung philosophischer Erkenntnis in streng abstrakter Gestalt ist die Bedingung korrekter Praxis. (Spät in Friedlaenders Werk taucht flüchtig der — für mystische Strömungen übrigens nicht ungewöhnliche — Gedanke auf, um etwas zu materialisieren und aufzubewahren, genüge es, dieses Etwas einmal, irgendwo und irgendwann, zu denken. Damit wäre die Annahme der Wahrheit durch andere, die Frage nach der Resonanz einer Philosophie, wesentlich unbedeutend.) Der Sinn der Philosophie ist für Friedlaender also wesentlich nicht das Philosophieren, sondern es soll etwas entdeckt werden, was nicht das Philosophieren selbst ist: Friedlaender zeigt es dem Leser in seinen beiden Hauptwerken, der *Schöpferischen Indifferenz* und dem *Magischen Ich* (eine Schrift, die, weil unveröffentlicht, in dieser Hinsicht nicht sehr erfolgreich ist), in einer Reihe kleinerer Schriften und auch in einigen der sogenannten Grotesken, etwa in *Aërosophie* (wiederabgedruckt im Anhang) und *Fasching der Logik* (erschienen in *Rosa die schöne Schutzmannsfrau*, 1913). (Die Trennung zwischen Friedlaender als Friedlaender und Friedlaender als Mynona ist eben nicht scharf und schon gar nicht eine Trennung zwischen strengem Philosophen und expressivem Literaten.) Am Ende wird durch das Entdeckte das Entdecken aufgehoben, hebt Philosophie sich selbst auf. »Auf der Schwelle zum Leben philosophiert man wie Schopenhauer, am Lebensausgange wie Kant, auf dem Weg zur Höhe wohl gleich Zarathustra. Auf der Höhe selbst wird nicht mehr philosophiert: hier erlebt man das einzige Wunder, das man doch überall, immerfort in jedwedem so dringlich ahnt: Allgegenwart, Ewigkeit, Verwandlung.«[7]

Lehrbücher

Moral muß begründet werden statt gepredigt, sagt Friedlaender. Nachdem das Fundament aber gelegt wurde, muß sie, wie das Resultat aller philosophischen Entdeckung, gelehrt und gelernt werden. Fast alles, was er schreibt: Grotesken, Kritiken, Essays, Briefe, ist nicht nur praktische, angewandte Philosophie, sondern auch Einführung in Philosophie; fast alle seine Schriften, auch die meisten Grotesken — an denen es Lesern, die die philosophische Theorie Friedlaenders nicht kennen, allerdings nur selten auffällt —, sollen die Leser auch belehren. Offen und ausschließlich der Einführung in die Philosophie Friedlaenders dienen die beiden Lehrbücher *Kant gegen Einstein (nach Immanuel Kant und Ernst Marcus). Zum Unterricht in den vernunftwissenschaftlichen Vorbedingungen der Naturwissenschaft* und *Kant für Kinder. Fragelehrbuch zum sittlichen Unterricht* (einige weitere Lehrbücher, darunter das wichtige *Kant für Künstler. Fragelehrbuch in den Elementen der Ästhetik*, liegen nur als Typoskript vor). Jeweils über zweihundert Fragen und Antworten bringen die Lehre in einer, wie Friedlaender glaubt, pädagogisch wirksamen Form vor: so daß die Schüler sie wie das Einmaleins lernen und als Orientierungsmarge selbst für die kleinen Probleme des Alltags begreifen können. Besonders das Ethik-Lehrbuch, fast ein Ernst-Marcus-Brevier, läßt wenig offen: Wie sollen wir handeln? Was ist das Gewissen? Soll man lieber Unrecht leiden als Unrecht tun? Sollen die verschiedenen Staaten miteinander befreundet oder verfeindet sein? Läßt sich beweisen, daß die Geschlechtsbefriedigung sittlich mit der Zeugung eins sein soll? Mit solchen und ähnlichen Fragen und den entsprechenden Antworten soll das Vernunftgesetz zur offenen Herrschaft gebracht werden — jenes Gesetz, das als Apriori zwar ohnehin alle Handlungen reguliert, aber eben eingesehen werden muß, um nicht nur als Bedingung von Praxis wirksam zu sein. »Folgenschwer, bis in die Politik hinein fruchtbar, wäre die amtliche Anpassung dieses Lehrbuchs in die Schulen«, schreibt Friedlaender in seinem *Kant für Kinder*[8], und in einem Brief: »Wäre die Kantsche Ethik schon zu Kants Zeiten in die Schulen eingeführt worden, so lebten wir heute unvergleichlich glücklicher, wenn wir als Menschen auch niemals wie im Paradies leben könnten.«[9]

Ansonsten sind die Lehrbücher jener Ort, an dem Friedlaender einzelne Bereiche seiner philosophischen Konzeption zu Lehrgebäuden ausbaut, vor allem die Kritik der praktischen Vernunft zur Sittenlehre wendet. Mit der allerdings geht er kaum über Ernst Marcus hinaus; außerdem ... wie gesagt, der schlechteste Anfang ist besser als das beste Ende. Im übrigen hat die materiale Ausgestaltung der Sittenlehre nicht mehr viel zu tun mit der Friedlaenderschen Grundkonzeption. Eher ist sie jener Bereich, in dem von der bei Friedlaender vor allem interessierenden Konzeption von Überwindung der Spaltung, von Identität am wenigsten zu spüren ist. So mögen Interessierte bitte selbst in Friedlaenders *Kant für Kinder* und in Marcus' *Das Gesetz der Vernunft* nachlesen, weshalb Selbstmord verboten ist, wann Todesstrafe geboten, wieso religiöser Glaube frei (und nicht Pflicht), aus welchem Grund Sexuelles nur als Einheit von Wollust und Zeugung erlaubt ... und wie Friedlaender und Marcus ihr Reglement als einzige Möglichkeit der Verwirklichung der Autonomie und als radikale Anwendung des Kantschen Systems entwickeln zu können glauben, vor allem der beiden folgenden der Kantschen Fassungen des kategorischen Imperativs: »Handle so, daß die Maxime deines Willens jederzeit zugleich als Prinzip einer allgemeinen Gesetzgebung dienen könne«, und: »Handle so, daß du die Menschheit, so wohl in deiner Person als in der Person eines jeden andern, jederzeit zugleich als Zweck, niemals bloß als Mittel betrachtest«.

Kritiken

»Die wahre Theorie muß als die *einzige* Möglichkeit einer natürlichen Erklärung aller Erkenntnisprobleme erkennbar sein«, sagt Ernst Marcus[10]. Gibt es nur eine Möglichkeit, müssen alle anderen Lösungen als Schein entlarvt werden, das ist ihr Entdecker der Welt schuldig. »Woran liegt es, daß das Allgemeine leider *gemein* ist? Weil viel zu sehr auf Erden der Edelste sich für sich selbst behält – wessen man ihn entzwingen sollte. Durch alle Welt geht wie durch die Taue der englischen Marine der rote Faden: *Verwandtschaft*.«[11]

Friedlaender ist – in Rezensionen, Lehrbüchern, Grotesken und Pamphleten – unablässig als Kritiker tätig. Weil »der alte Kant allein den echten Kompaß innehat und nächst ihm seine drei Getreuen: Ludwig Goldschmidt, Ernst Marcus (der Dritte steht im Berliner Adreßbuch)«, heißt es unablässig nachweisen, daß »alle diese Cohen, Simmel, Bergson, Eucken, Scheler, Nelson und weit Modernere, in deren Hände die Jugend ihren Geist befiehlt, hinter die Kantische Schule gegangen und nach falschem Kompaß gerichtet« sind[12]. Und solches Urteilen ist nicht nur auf dem Gebiet der philosophischen Theorie gefordert:

Da »die Kunst, als solche, schon unwillkürlich imperativistisch, ethisch, wahrhaft und politisch« ist, Kunst zwar »gewiß weder Logik noch Ethik, nicht private noch politische« ist, aber »verwandte Funktionen« hat[13], deshalb gibt es auch in Kunst und Literatur im Wesentlichen nicht verschiedene Möglichkeiten, höchstens eine größere Variationsbreite in der Umsetzung. »Schön ist das, was ohne Begriff allgemein gefällt«[14], allgemein aber ist kein Begriff der Empirie: »Was ist das Schöne in Beziehung auf das sittlich Gute? Symbol«[15]. So gibt es wenig mehr, manchmal sogar viel Friedlaender-Lob für andere (Paul Scheerbart, Alfred Kubin, George Grosz, Anselm Ruest...), aber auch die Künstler und Literaten stehen unter dem einen Maßstab für Wahrheit, den Friedlaender an die Philosophen anlegt.

In ihrem philosophischen Gehalt sind Friedlaenders Kritiken nicht interessant für Leser, die ihre Grundlage, Friedlaenders philosophische Konzeption, kennen: Friedlaender läßt sich nicht ein auf andere Theorien, mißt nur am längst feststehenden Maß, sodaß sich am Anfang und Ende nur Urteile finden können wie: »So etwas sollte seit 1781 nicht mehr diskutiert werden«[16]. Aber Friedlaenders Polemiken sind — ob als Rezension, Groteske oder philosophische Kritik vorgebracht — auch literarische Texte und eine Form des Jonglierens. Und als Literatur können sie eine andere Art Aufmerksamkeit beanspruchen denn als Philosophie, die ihrem eigenen Anspruch nach nicht formalistisch sein kann und Wortwitz, Originalität, Esprit nur als Mittel zur Aufdeckung einer Wahrheit nehmen darf, die jenseits der Ausführung selbst liegt. (Das meint natürlich den Anspruch der Philosophie, der allerdings zumindest insoweit mit der Praxis übereinstimmt, als philosophische Texte meist auf andere Art geschrieben werden als literarische. Hingegen ist es eine andere Frage, ob analytisch genommen Philosophie nicht nur eine Form der Literatur ist und sein kann.)

Es ist also eine Sache, ob ein Leser den theoretischen Gehalt der Friedlaenderschen Kritik für richtig oder anregend befindet; eine andere, wie groß das literarische Vergnügen oder Mißvergnügen ist (um nicht vom literarischen Wert und ähnlichen Erfindungen von Kritikern zu reden), das der Leser empfindet. Gerade weil die wenigsten Texte Friedlaender/Mynonas sich den Gattungsstempel aufdrükken lassen, die meisten hingegen literarisch-philosophische Mixturen sind, ist es günstig, die beiden Kriterien auseinanderzuhalten: etwa wenn Friedlaender in einer Rezension Ernst Blochs *Geist der Utopie* durchgängig mit Wendungen belegt wie »eher pfäffisch«, »Weihrauch aus Worten«, »apokalyptisches, schwärmerisches, buntes Kirchenfensterdeutsch«, »nach Nietzsche nur noch hochkomisch«, »Ton ist bis zur Abgeschmacktheit und Absurdität christlich, unzarathustrisch, undionysisch«, »Gibt es genug Insektenpulver gegen diese Kreuzspinnen?«, »Ich aber wollte Ihr Buch wäre eine Warze; dann würde ich es so ›besprechen‹ können, daß es weg wäre — vielleicht ist es eine Warze?« — und auch das Heilmittel hat Friedlaender parat: »Lassen Sie die Priesterei! Werden Sie nüchtern und profan! Sehen Sie ein, daß das *Leben* der Heiland selber ist, welches man vermittelst eines Heilandes erst krank und sündig macht. Schreiben Sie sofort Ihren Anti-Bloch!«[17] Oder wenn Friedlaender Geistes- und Politikgrößen seiner Zeit, Freud, Hitler, Husserl, Brecht, Thomas Mann, Einstein etc. pp. mehr oder minder unverhüllt in seinen Grotesken auftreten läßt und sich auf diese Art mit ihren

Positionen beschäftigt. Oder wenn Friedlaender die Auseinandersetzung (nur oder unter anderem) führt, indem er Namen verfremdet: so tritt Wotan Christinnes (Stinnes) bei Mynona auf, oder German Harthaupt (Gerhard Hauptmann), Bombart (Sombart), Schißkerlaller (Lasker-Schüler), R. M. Gorilke (R. M. Rilke), Exzellenz von Ludenstadt (Ludendorff), Prof. Beschäler (Scheler), Theodor Le singe (Theodor Lessing), Prof. Aribert Neinstein (Albert Einstein)...

In Friedlaenders Kritiken — und häufig sogar in einzelnen Formulierungen — spielen, in unterschiedlichem Mischungsverhältnis, diverse Elemente zusammen: selbstgenügsamer Wortwitz, Provokation, streng analytische Darlegung, literarisches Virtuosentum, Reklame in eigener Sache, Belehrung in Philosophie ... Wie so unterschiedliche Funktionen ein Werk konstituieren, wird vielleicht am besten deutlich an *Hat Erich Maria Remarque wirklich gelebt? Der Mann — Das Werk — Der Genius*: ein Buch, das Friedlaender 1929 als Mynona herausbringt und das — weil ein Verriß von Remarques Bestseller *Im Westen nichts Neues*, überdies zu einem Zeitpunkt, als rechte Kreise eine heftige Kampagne gegen das als Anti-Kriegs-Buch verstandene Werk Remarques führen — auf Unverständnis und harte Kritik nicht weniger seiner alten Bekannten und Verehrer, insbesondere Tucholskys stößt. In Friedlaenders Anti-Remarque und seiner Fortsetzung (*Der Holzweg zurück*, eine Antwort auf die Anti-Kritik) findet sich Propaganda für Kant-Marcus, den einzigen Rettungsanker; Auseinandersetzung mit der »triumphierenden Mittelmäßigkeit« in Kultur, Philosophie, Literatur, als deren Konzentrat Friedlaender Remarques Werk nimmt; Abrechnung mit dem Relativismus, der falschen, »cocktailmixerischen«

Mitte, dem Menschen ohne Eigenschaften, dem Entwurf eines reklamesk-prinzipienlosen Lebens, der Übersetzung »von LEBEN ins Ulldeutsch: Namanwirddochdasehenwassichdamachenläßteventuelljanein! Ernst ist schon das Leben, aber eventuell (nuwarumnich?) auch heiter«[18]; Kritik der Bedingungen von Literaturproduktion in der »Ull-Stein-Zeit«, der Epoche des »geistigen Massenwarenhauses«. Es findet die Sezierung eines literarischen Werkes statt, für das Friedlaender das Rezept gleich mitliefert: »Blutige Brutalitäten — Sentimentalitäten, darin sie rührend sich auflösen — Kriegskameradschaft und, im Kontraste dagegen, Friedensfeindschaft — Erotik mit Untreue, Krach, Mord — Links gegen Rechts, Rechts gegen Links, aber ›objektiv‹, so daß etwa der Jude sympathisch wird, aber dafür sein Leben lassen muß — vernünftige Händler gegen absurde Helden — Lokus nebst anderen Fäkalien — riesenhafte Injurien mit Koprolalie untermengt — Selbstmördereien — wirsamst zitternde Heldenmütterchen — Schillernde Behandlung des Kriegsfriedensproblems: ›Schön ist der Friede, ein lieblicher Knabe‹ ... ›Aber der Krieg auch hat seine Ehre‹ — stierdumm schwärmerischen Hochverrat — Schauerliche Schlachtvisionen — Freß- und Saufereien — humorig sanften Dreck — Leben, über alles Schulwissen juchzend«[19] usw. Friedlaender betreibt zugleich Abrechnung mit der Moderne, den Kulturgrößen, die an ihr teilhaben, und den berühmten Nicht-Kantianern (Einstein, Kerr, Husserl, Döblin, Georg Kaiser, Brecht, Vicki Baum, Hegel, Werfel, Cohen, Eggebrecht, Spengler, Pannwitz, Vaihinger, Heinrich und Thomas Mann, Blüher, Zuckmayer, Arnold und Stefan Zweig, Bahr, Haeckel, Eucken, Ludwig Marcuse, Fuhrmann...), und Entlarvung des Lebensweges eines Erfolgsautors, der »das uralte

Geheimnis des Scheidewegs« herausbekommen hat (»man steht, sitzt, autelt, schwimmt, fliegt, boxt, philosophiert in rasantestem Tempo immerlos davor, bis der Tod uns die Wahl erspart«[20]) und der dieser Leitlinie nach seine Texte produziert. Und die ganze Polemik bedient sich als durchaus einheitliche Form doch so unterschiedlicher Mittel, daß das Ganze ebensogut bezeichnet werden kann als: Pamphlet, Analyse, Satire, Feuerwerk aus Worten, Literaturkritik, Biographie, philosophische Lehrstunde, Ulk, Dokumentation, Kampfschrift, Selbstentlarvung, belletristische Show... »Satirische Apotheose«, nennt Friedlaender es, und »eine Art ›Vernunftgewitter‹«.

Es ist hier nicht die Frage, ob das Unternehmen literarisch gelungen ist, wo Brüche zu erkennen sind und inwieweit Friedlaenders Kritik sachlich trifft. Wichtiger ist, daß Friedlaender mit seinem Remarque-Buch eine Form gefunden hat, in der er alle Aspekte seiner schriftstellerischen Praxis zu bündeln vermag. Friedlaender hat auch den Anti-Remarque als Teil seines Aufklärungswerks definiert: »Es ist Arznei, nicht Gift, was ich dir reiche« — mit diesem berühmten Wort überschreibt er das erste Kapitel seiner Anti-Anti-Kritik *Der Holzweg zurück*. Und tatsächlich wirken Friedlaenders Attacken — sogar für Leser wahrscheinlich, die seine Philosophie nicht kennen, und selbst dort, wo Angriffe auf den Menschen Remarque zu gehen scheinen — zumindest heute seltsam unpersönlich, sachlich im wörtlichen Sinn (Tucholsky und ähnliche allerdings haben das anders begriffen). »Ich werde stets wieder den Versuch machen, Kant kalauern zu lassen (vielleicht gab *mir* ein Gott, zu kalauern, was ich leide?)«, sagt er den Kritikern seines Remarque-Buchs. »Die Herrschaften sind alle hochvornehm und verbieten das Lachen. Sie ekeln sich davor, sich und andere zum Besten zu halten. Aber ›wer sich nicht selbst zum Besten halten kann, der ist gewiß nicht von den Besten‹. Es wäre bescheidener und sympathischer, wenn Remarque mein Lachen über ihn mitlachte und die (Robert) Neumanns und Wrobels (ein Pseudonym Tucholskys; d. Verf.) damit ansteckte.«[21]

Propagandistische Einlagen

Friedlaenders Helden in den literarischen Stücken zeigen keine Scheu, Technik und Reklame in den Dienst des Geistes zu stellen, um die Vernunft zur Herrschaft zu bringen. In *Der antibabylonische Turm. Utopie* läßt Mynona seine Hauptfigur Mittel aufzählen, mit denen der Wahrheit zum Durchbruch verholfen werden könnte: »In solchem Zusammenhang sprach er von metaphysischen Litfaßsäulen, Megaphonen, Funksprüchen, von Projektionen an den Himmel, von einer Heilsarmee im Dienste Kants, bis es durch immenses Trommelfeuer gelang, Intelligenz in die dummen, ob auch gebildeten, ja gelehrten und dadurch in alle Menschenköpfe einzublitzen.«[22] Und in den literarischen Stücken taucht — in praktischer Wendung der Marcusschen Äthertheorie — des öfteren ein Apparat auf, mit dem die Sinneszentren des Gehirns so erregt werden können, daß die Menschen das Eingegebene nicht wie im Traum erleben, sondern in voller Aktion empfinden, denken, vor sich sehen.

Friedlaender standen solche Mittel nicht zur Verfügung, und ob er sie angewandt hätte, ist ungewiß — im Sinne Kants jedenfalls ist ein mit technischen und propagandistischen Tricks errungener Sieg der Vernunft vernunftwidrig. Auf jeden Fall sind Friedlaender Lehrbuch, philosophische Argumentation und literarische Verarbeitung nicht ausreichend werbewirksam. In seinen Schriften betreibt er Propaganda in eigener Sache ganz direkt, und das in einem Maße und zuweilen so kunstvoll, daß Reklame als gesonderte Form seiner schriftlichen Praxis behandelt werden kann. Von den zwanziger Jahren an gibt es kaum eine Schrift Friedlaenders und nur wenige Grotesken Mynonas, in denen die Leser sich nicht an irgendeiner Stelle aufgefordert sehen, gefälligst Kant und Marcus zu lesen, oder wo nicht darauf hingewiesen wird, Friedlaender habe — hier mit dem Anti-Remarque — »eine der ungeheuersten Anständigkeiten dieser Zeit« vollbracht: »Grimmig-vergnügt bin heute ganz allein ich, Mynona, der Flohknacker, der von Rathenau bis Remarque das ganze Hemd der Moderne abgesucht hat.«[23] Oder wo nicht irgendetwas der folgenden Art klargestellt wird: »Meiner Wenigkeit aber will ich das Verdienst zuschreiben, die einzige echte Nachfolge Kants und damit den Weg der wahren Kultur und Erlösung aus aller Barbarei freizumachen.«[24] Oder: »Aus dem Augenwinkel des allervernünftigsten Menschen, Kant, wollte ich mir die Moderne in Gestalt ihres Remarque einmal ansehen. Welche Vogelschau! Die großmächtigsten Zeitgenossen schrumpften vor meinen fröhlichen Augen zu gernegroßen Knirpsen ein. Wie äußerst fein und flink verwechselten die Tucholskys diesen notwendig verkleinernden Blick mit dem scheelen des Neides. Verschmitzt vulgarisierten sie die Vogel- in die Froschperspektive. (...) Kann ausgerechnet Mynona dafür, daß, von Kant her gesehen, der sonst unendliche Unterschied zwischen Einstein und Remarque fast verschwindet? Ist Kant Einsteins

Beneider? — Ahhhh! Auf dieser modernen Weltbühne schnarchen nicht nur die Tucholskys. Mein Buch ist eine Art ›Vernunftgewitter‹ à la Marcus: erwacht endlich zur Selbsterkenntnis, wie Kant sie lehrt! Ihr bleibt sonst unrettbar mittelmäßig und kriegt höchstens Nobelpreise.«[25]

Natürlich steht an der Basis der Selbstreklame Friedlaenders Hinweis, nicht um die Person Friedlaender gehe es, sondern um die Sache Kant, die Friedlaender sich zu eigen gemacht habe. »Besteht durch Kant und Marcus das Pulverfaß, das Dynamit des Geistes, so wird, seine Explosion herbeizuführen, zum Kinderspiel.«[26] Daß es nötig ist, auch Selbstlob und Parolen zu präsentieren anstatt nur die Sache selbst und Beweiskraft, wäre dann mit der besonderen magischen Wirksamkeit der Reklame zu begründen. Und wie sagt Mynona in seinem *Anti-Freud* fast mit Nietzsche: »Alles Tiefe liebt ja bekanntlich die Maske und meistens diese (die ekle Maske der Vulgarität); vielleicht ist alle Rohheit nichts als Maske des Allerzartesten, Allerverschämtesten?«[27] Aber vielleicht ist ja auch das beste Mittel, Eitelkeit zu bekämpfen (oder sie zu äußern?), sie zu spielen. Friedlaender jedenfalls meint: »Noch der Allereitelste *unterschätzt* sein Ich superlativistisch«[28].

Politische Stellungnahmen

»Es ist lächerlich, sich einzubilden, der Krieg werde anders als nur *ethisch* jemals beseitigt werden können. Folglich ist die ethische Revolution der Denkungsart, die kantische, die allerwichtigste Angelegenheit der Kultur«, sagt Friedlaender[29]. Und: »Die Kunst, als solche, ist schon unwillkürlich imperativistisch, ethisch, wahrhaft und politisch.«[30] Friedlaender ist es um das philosophische Fundament der Politik, nicht um die direkte Formung des politischen Alltags zu tun. »Vergebens wird man das Lebensproblem der Menschengemeinschaft anders lösen als vor allem transzendental und personal«[31]. Außerhalb des philosophisch-literarischen Schrifttums gibt es keine öffentlichen politischen Stellungnahmen, in den Schriften wird nur sehr selten zu einer Problematik oberhalb von Grundsatzfragen Position bezogen (die zu Lebzeiten unveröffentlichte Groteske *Ei der Dawes! Schrie die amerikanische Tante*[32] ist einer der wenigen Fälle). Äußerungen, die als dezidiert politisch verstanden werden können − Friedlaenders Eintreten etwa für Gleichberechtigung von Mann und Frau, für Friedenspolitik, Todesstrafe, Meinungsfreiheit, Recht auf Privateigentum, Antirassismus −, erfolgen als direkte Konsequenz der Sittenlehre. Mit den technischen Details einer Umsetzung des Vernunftgesetzes in Politik und staatliche Institutionen und mit jenen politischen Fragen, gegenüber denen Ethik indifferent ist, beschäftigt er sich in seinen Schriften nicht. Selbst zum Ersten Weltkrieg sagt er rückblickend, »daß mich dieser Krieg nicht sonderlich berührte. Kants Revolution der Denkart ist mir unermeßlich wichtiger als solche Katastrophen. (...) Ich finde den Krieg weltfremd: er ist ein blutiger Schein«[33].

Lyrik

»Schon der Zusammenstoß der philosophischen Erhabenheit mit der ihr überlegen erscheinenden Stärke der sexualen Affektionen stimmte mich grotesk oder lyrisch-elegisch«, schreibt Friedlaender in seiner autobiographischen Skizze. Und diese Aussage ist hier weniger als Dokument der Friedlaenderschen Selbstwahrnehmung interessant, sie deutet auch auf eine programmatische Erklärung darüber, daß auch das Lyrisch-Elegische ein Mittel ist, mit dem das Ich sich Indifferenz erarbeiten kann. Nun hat Sprache in Friedlaenders Philosophie aber nicht wesentlich die Funktion, dem Nichts/Selbst/Eigentlichen Ausdruck zu verleihen (das Wort ist bei Friedlaender weniger als bei anderen Theoretikern Zeichen); und auch nicht, es zu umstellen (sodaß das Weiße zwischen den Buchstaben erstens überhaupt und zweitens als das Eigentliche erschiene). Vielmehr kommt es für Friedlaender darauf an, Mittel zu finden, die jene Differenz konstituieren, ohne die kein Indifferenzpunkt möglich ist: also Welt schaffen, und sie so schaffen, daß sie nicht (weder als »Struktur«, »Umstände«, »Sinn«, »Rhythmus des Kosmos«, »Natur«, »Totalität« noch sonstwie) als Herrscher erscheint.

Die Entschleierung der sich als »real« darbietenden Welt gehört zum Schöpfertum. Weil aber nicht entschleiert werden kann, indem ins Eigentliche hinübergefühlt und diesem Fühlen sprachlich Ausdruck verliehen wird, sondern nur indem die Differenzen beherrschbar gemacht werden, ist das Groteske ein besseres Mittel als das Lyrisch-Elegische. Das Differente beherrschbar machen heißt ja: die Welt in ihrer Lächerlichkeit und ineins Notwendigkeit kennzeichnen, also mit den Teilen logisch jonglieren und dabei die ganze Aktion (das Bezeichnen, Sprechen, Äquilibrieren, Philosophieren...) als uneigentlich deklarieren.

Zwischen 1904 und 1908 veröffentlicht Friedlaender — teils in der Zeitschrift *Charon*, teils in seinem Buch *Durch blaue Schleier* — ungefähr neunzig Gedichte. Lachen ist da Bezeichnung, Titel, weniger Durchführung.

Lachen.

Ich lachte dann, und außer mir dies Lachen
Sah ich gestellt in leeren Öderaum,
Das sprüht und blitzt und ringt als lichter Saum
Sich um die Schleppe aller Weltensachen.

Dies Unten der Dinge, alle ihre flachen
Ränder perlen zart von farb'nem Schaum,
Und selig füllt die Stille sich mit Traum,
Und herzlich grüßt die Ruhe sich mit Sprachen.

Oh all das bunte Stammeln, dieses Kosen,
Dies heimliche, dies laute Weh, dies Blühen,
Dies Hin und Wieder, dieser Tanz der Wesen:
— All dies gemahnt wie Duft von welken Rosen,
Wie ros'ges Licht aus silbergrauen Frühen,
Daß Lachen, nur mein Lachen es gewesen.[34]

Bald ist das Lachen nicht mehr wesentlich Selbstbeobachtung, wird zu einer Sache von Prosa und Praxis: Friedlaender geht zur Groteske über. Wo er in späteren Jahren Lyrik verwendet, läßt er sie — auch da, wo er seine Philosophie direkt propagiert — mit Mitteln der Groteske arbeiten: in einer unveröffentlichten Sammlung verballhornter Volkslieder; in seinem 1918 erschienenen Buch *Hundert Bonbons. Sonette* (»*Bewiesen* wär: Unsterblichkeit? — Geh ab! / Die ganze Erde ist ein Massengrab. / Scheinleben freilich wimmelt mit tripptrapp. / Herkules selber wurde schließlich schlapp. / Der Parze Schere rostet nicht: schnippschnapp — / ›Doch Schleiermacher sagt!‹ — papperlapapp.«[35]); in dem zum Teil in Zeitungen veröffentlichten *Kant in Schnadahüpferln*; in der 1941 verfaßten, unveröffentlichten *Magie in Knittelversen*. Daß manche Verse auf den ersten Blick als hymnische Huldigungen an das Ich und seine Entdecker zu erkennen sind, deutet dabei nur darauf, daß Groteske als Vorsatz für Friedlaender nicht einziges und nicht rein zu haltendes Mittel ist.

Übrigens lassen einige Bemerkungen Friedlaenders darauf schließen, daß er es vielleicht weniger als generell unmöglich und eher als persönlichen Mangel empfunden hat, nicht ohne Worte, nicht naturhaft künstlerisch in den Mittelpunkt einkehren zu können. Wie andererseits Lyrisch-Elegisches für manches Publikum wohl auch jene Wirkung hat, die Friedlaender der Groteske zumißt: Es wird berichtet, daß *Charon* in den ersten Jahren nach der Gründung 1904 von nicht wenigen Lesern als Witzblatt gehalten wurde. Wohingegen Friedlaender rückblickend meint, bei ihm sei es umgekehrt gewesen: er habe moderne Lyrik parodieren wollen, aber die Herausgeber des *Charon* »nahmen meine Parodie ernst, so daß ich dadurch zum ernsthaften Lyriker wurde«[36]. Es dürfte dies für Friedlaender allerdings nicht unbedingt ein Problem sein – denken wir an seine Bestimmung, daß der Humorist »ein lachender Tragiker« ist, daß er ebenso vom ewiggültigen Ideal ausgeht und mit diesem mißt wie der Tragiker, »daß Erhabenheit sich entweder tragisch oder komisch äußern kann«[37]; denn zur Erhabenheit steht Friedlaender.

Autobiographie

Philosophie ist »Autobiographie der Welt«, sagt Friedlaender[38] – eine Welt, die »Auseinander desselben (ist), das innen ohne allen Unterschied zusammen ich selber bin«[39].

Was aber nicht das magische Ich ist, der empirische Mensch, gehört wesentlich zur Welt. So darf die Autobiographie eines Menschen nicht den Sinn haben, den der überwiegende Teil der Schreiber ihr gibt. »Die meisten Autobiographien sind, in Wahrheit und Dichtung, mit einem Ich nach außen gerichtet, das selbst noch irgendwie äußerlich, noch nicht das reine Innen, der Mensch überhaupt ist, das nackte Selbst.«[40] Was fast überall geschildert wird und wie es geschildert wird — äußere Stationen eines Lebenslaufes, Umgebungen, Jahresdaten, Gespräche, Gedanken und Gefühle —, deutet darauf, daß die meisten Autobiographen »das abstrakte Skelett des Lebens (...) nur allzugern durch ›Fleisch und Blut‹ verleugnen und nur leichenhaft finden«[41], daß heißt ihr wahres Selbst viel zu wenig wichtig nehmen.

Aber Friedlaender lehnt die Form Autobiographie nicht grundsätzlich ab. Ihre Rechtfertigung sieht er in dem, was herkömmliche Biographien nicht tun: das magische Ich freilegen, den Prozeß seiner Selbsteroberung schildern, sein Verhältnis zum empirischen Ich darstellen. Und er verfaßt auch mehrere kurze Selbstdarstellungen und im Pariser Exil *Ich. Autobiographische Skizze* — an die zweihundert Seiten lang, bis heute unveröffentlicht. Daß darin »der Akzent zentral auf dem Autos und nur peripherisch auf dem Bios« liegt[42], ist der Anspruch; und daß die Schrift ein Lehrstück ist: Seine Autobiographie, sagt Friedlaender, »exemplifiziert die Möglichkeit der exakten Überwindung des Naturmenschen durch den Vernunftmenschen, der auch dem Himmel gegenüber prometheisch autonom bleibt. (...) Unsere Autobiographie diene als Rezept zu solchem Menschsein.«[43] Dabei ist dieses Zeigen mehr ans Publikum gerichtet als an den Autor selbst: das Sich-

Selbst-Rechenschaft-Geben über sein Leben ist zwar ein Aspekt der Autobiographie Friedlaenders, aber lange nicht der wichtigste — wie überhaupt in Friedlaenders Philosophie das Analytische in seiner Bedeutung gegenüber dem Teleologischen sehr zurücktritt, der Entschluß zur Freiheit/zum Schöpfer/zum magischen Ich entscheidend ist, hingegen das Sich-Versenken in Determinanten der Entwicklung des eigenen empirischen Ich (Psyche, Charakter, Natur) abwegig.

Gemessen am Anspruch, den Friedlaender vorgibt — nicht an den Selbstdarstellungen anderer Menschen —, findet sich dann allerdings erstaunlich viel in seiner Autobiographie, was aus dem oberflächlichen Leben herausgegriffen ist, und anderes mehr. *Ich. Autobiographische Skizze* präsentiert Friedlaenders philosophisches Konzept, die seelische und geistige Entwicklung ihres Entdeckers, philologische Selbsterklärungen, Begegnungen, literarische Grotesken zur Illustration... Im übrigen ist natürlich auch gegenüber Friedlaenders Autobiographie jener Vorbehalt angebracht, unter dem eine jede Autobiographie gelesen werden sollte. Viel mehr Aufschluß als das, was ein Erzähler als »Fakten« präsentiert: also die Begegnungen, die er schildert; die Einschätzungen, die er von sich selbst gibt; die Gefühle, die er als seine beschreibt; die psychologischen Selbstdeutungen, die er vornimmt — viel mehr als durch solche »Fakten« verrät ein Autor durch die Weise, *wie* er sich präsentiert und *wie* er von sich redet. Und mehr noch als da, wo er explizit Ich sagt und von sich redet, gibt er über sich kund, wo er — ob als Schreibender oder sonstwie Handelnder — weniger zur Selbstinszenierung neigt, weil er sich weniger beobachtet glaubt.

Groteske

»Dem, was eigentlich sein soll, kann die tatsächliche Wirklichkeit doch nicht auf die Dauer widersprechen. Und inzwischen, bevor sie zu gehorchen gelernt hat, und damit ihr das Widerstreben immer triftiger verleidet werde, wollen wir sie necken und an ihrem Ärger Schadenfreude haben«, läßt Mynona seinen Dusselbrodt sagen[44]. Offiziell, in Friedlaenders eigenen Worten, heißt das so: »Der groteske Humorist speziell hat den Willen, die Erinnerung an das göttlich geheimnisvolle Urbild des echten Lebens dadurch aufzufrischen, daß er das Zerrbild dieses verschlossenen Paradieses« – »das echte, das so leicht deswegen geleugnet wird, weil es zwar innerlich gewiß und bestimmt, äußerlich aber nicht wahrnehmbar ist« – »bis ins Unmögliche absichtlich übertreibt. Er kuriert das verweichlichte Gemüt mit Härte, das sentimentale durch Zynismen, das in Gewohnheiten abgestandene durch Paradoxie.«[45]

Friedlaenders Groteske soll verblüffen: wesentlich aber nicht, um zu verblüffen und nicht um die Leser an einer als unüberschreitbar absurd demaskierten Wirklichkeit scheitern zu lassen, sondern um die Wahrheit ans Licht zu bringen – die Wahrheit, die für Friedlaender die einzige ist und deren Entdeckung für ihn zusammenfällt mit der Wiedergewinnung der Identität. Die Entdeckung nimmt dann zwar in der Form Groteske unterschiedliche Gestalt an: in der einen steht die Befreiung im Vordergrund, die Klamauk bringen kann; in der anderen wird die Wirklichkeit auf ihre Abstrusität reduziert und so belassen; manche Groteske Mynonas ist nichts als eine Illustration der Friedlaenderschen philosophischen Theorie; einige Stücke wirken vorwiegend als literarische Provokation... Jedoch sind all das Mittel im Dienste dessen, was für Friedlaender die Wahrheit ist.

Friedlaenders Grotesken sind nicht nur unterhaltend-belehrende Aktionen für den Leser, sie sind auch magische Praxis für sich. »Groteske Verzerrung ist die Kraft- und Belastungsprobe der seelischen Fähigkeit, Umfänglichkeit und Elastizität; die Rechnungsprobe auf die Richtigkeit des metaphysischen Prinzips der schöpferischen Indifferenz polarer Observanz.«[46] Und mehr noch: Wesentlich ist die Groteske nicht Darstellung des Eigentlichen und nicht Probe auf die Richtigkeit des Entdeckten, sondern Mittel, das Eigentliche überhaupt zu gewinnen — das Eigentliche, das sich nach Friedlaender gar nicht anders äußern kann als allegorisch-polar. Mit der Groteske wird Differenzierung aktiv betrieben, so daß das Selbst ihr nicht zum Opfer fällt. Groteskes Durchspielen der Möglichkeiten — einerlei ob als Leser, Denker oder Schreiber von Grotesken — heißt Ausagieren der Widersprüche, Herauspressen der Differenz, damit Schaffung des gereinigten Selbst, des Nichts an Welt. Als Niederkonkurrenzierung der (falschen) Wirklichkeit durch die (selbstgestaltete) Wahrheit, des Gegebenen durch das Mögliche, der Herrschaft der Differenz durch das ICH-Heliozentrum ist das groteske Durchspielen Vehikel zur Selbstvergottung: zur Wiedervereinigung von Sein und Möglichkeit im ungeteilten, vernünftigen Selbst, Aufhebung der Daseins-konstituierenden Spaltung — göttliche Orthopädie.

Und vielleicht ist die Groteske sogar das wichtigste Mittel dazu: Ohne In-die-Welt führt der Weg nicht zu jener Ungeschiedenheit, die die Mystiker durch Weltabkehr zu erreichen suchen. Die gegebene Welt ohne Hilfsmittel, unmittelbar als diese Ungeschiedenheit erleben, wie Nietzsche konzipiert, ist unmöglich (jedes nicht-spielerische In-der-Welt ist unüberschreitbar einlinig, seriell, andere Möglichkeiten eliminierend). Hilfsmittel traditioneller Art aber führen — da sie sich darauf richten, Teile der Welt (Schmerz, Widersprüche usw.) auszublenden — zu neuer Spaltung. So ist im System Friedlaenders wohl nur eine Lösung: Eine Form ist zu finden, die das Ganze konzentriert wie ein Symbol, aber innerhalb des In-sich-Identischen liegt und von innen her handhabbar ist. Eine Form, die den Bedingungen unterworfen ist, die für Philosophie gelten: Philosophie muß »den Gegensatzcharakter alles Differenzierten, Relativen erschöpfend darstellen, um alles in sich zu befassen (...). Schließlich muß der Gegensatz seiner Identität auch eingedenk bleiben«[47]. Eine Form, in der die Reduktion aber beweglicher geschieht als in der strengen Philosophie, freier in der Durchführung (nicht in der Zielsetzung), näher am gewöhnlichen Alltag, künstlerischer.

Von allen künstlerischen Gestaltungen (außer vielleicht dem Sport: der ist der Möglichkeit nach am weitesten vom Gegenständlichen und damit der Gefahr neuer Teilung entfernt, aber Friedlaender geht darauf nicht ein) ist die Groteske nun wohl am besten geeignet, an der Magier-Werdung des Lesenden und Schreibenden zu wirken. Mit der Groteske folgt der Schöpfer (anders als etwa mit der Musik) der Logik des »realen«, ganzen Lebens; in ihr kann er es aber formal wie material in größerer Freiheit tun als in anderen literarischen Gattungen; und er kann sich in ihr künstlerisch und wissenschaftlich ineins äußern, also vielleicht jene Trennung von Kunst und Wissenschaft aufheben, von denen Friedlaender sagt, sie unterschieden sich »wie Können vom Wissen, wie Technik von Theorie. Was man kann, sobald man *weiß*, was zu tun ist, ist keine Kunst.«[48]

Übrigens sind Mynonas Grotesken keineswegs darauf angewiesen, so verstanden zu werden: Die meisten Texte können auch von Lesern genossen werden, die weder die Stellung der Groteske im philosophischen System Friedlaenders noch sonst etwas von der philosophischen Konzeption Mynonas kennen. Hartmut Geerken — seiner Aktivität ist es vor allem zu danken, daß Friedlaenders Werk nicht gänzlich in Vergessenheit geraten ist — verweist mit Recht immer wieder darauf, daß Mynonas Grotesken »ohne die philosophische Theorie Friedlaenders nur halb zu verstehen (sind). Es ist ein Trugschluß, wenn man annimmt, die Grotesken seien für das Publikum leicht zugänglich.«[49] Ja, einem Leser, der das Fundament nicht kennt, entgeht viel; ähnlich viel allerdings übersieht leicht auch ein Leser, der es kennt. So wird etwa, wer Mynonas *Das Eisenbahnglück oder der Anti-Freud* unbefangen liest, Friedlaenders Theorie der Sexualität, die wie eine Parole immer wieder in die Handlung geschoben ist, wahrscheinlich »irrtümlich« als grotesken Teil der Groteske und nicht als Teil ihres philosophischen Fundaments begreifen; allerdings werden solche Leser vielleicht an den Geschichten Vergnügen finden (auch und gerade Freudianer könnten das) und sie überdies als Hinweis auf die wesentliche methodische Unzulänglichkeit der Freudschen Theorie verstehen. Wer hingegen in Mynonas *Anti-Freud* alles auf das philosophische Fundament Friedlaenders bezieht und vielleicht die groteske Inszenierung nur als Friedlaenders Mittel begreift, die Freudschen letzten Gründe an Friedlaenders allerletzten Gründen zerschellen zu lassen, und wer einer solchen Aktion — vielleicht weil er Freudianer ist oder aber weil er keinen Sinn darin sehen kann, den einen Zauber durch den anderen Hokuspokus zu ersetzen — keinen Erkenntniswert beimißt, macht sich für die kritischen Anregungen wahrscheinlich unempfindlich und verdirbt sich die Möglichkeit des Spaßes. Eine solche Reduktion der Groteske auf Philosophie ist allerdings eine sehr einseitige Lesart und wird in den meisten Fällen durch Mynona nicht begünstigt: Sein Grotesken-Werk ist angewandte Philosophie und Darstellung der philosophischen Konzeption, magische Praxis und Theorie der Magie auf eine Weise, daß Leser die meisten Stücke selbst dann sehr leicht als »reine« Groteske verstehen, wenn sie von den philosophischen Theorien Friedlaenders wissen.

In diesem Zusammenhang wäre vielleicht die Frage zu stellen, wie das Nicht-Groteske als solches überhaupt erkennbar sein kann und was die Groteske vor anderen Formen auszeichnet. (Was die Grotesken Mynonas im germanistischen und literaturtheoretischen Sinne auszeichnet, ist hier nicht Thema; übrigens findet sich dazu genügend in Hartmut Geerkens Nachwort zur von ihm herausgegebenen zweibändigen Sammlung von Prosastücken Mynonas und in zwei Aufsätzen Joseph Strelkas[50].) Das ist ein Problem nicht nur jener Leser Mynonas, die Friedlaenders Maßstab für das Groteske als Teil des Grotesken selbst verstehen und damit seine Norm — ohne eine solche gibt es keine Groteske — nicht erkennen können. Es ist auch ein Problem Mynonas insoweit, als der nach der inneren Logik seines philosophischen Grundgedankens alles, was um das kreist, was er als Weltachse bestimmt, zur Groteske erklären muß und das auch tut (»Karikatur — gewiß! Aber was wäre nicht Karikatur?«), dann aber natürlich nur schwer deutlich machen kann, worin sich die literarische Groteske von anderen Gestaltungen der Welt unterscheidet. Und spätestens mit Auschwitz dürfte auch für jene, die prinzipiell die Möglichkeit der Groteske nicht bestreiten, in Frage stehen, ob es heute Groteske noch geben kann: spricht doch vieles dafür, daß in der Moderne oder Postmoderne (oder wie das Zuhandene bezeichnet wird) erstens die Form literarische Provokation ins System integriert und damit ein Widerspruch in sich ist; zweitens es höchstens noch in kleinen, mikrokosmischen Feldern möglich ist, eine Norm dadurch herauszuarbeiten und zu propagieren, daß ihr Verfechter das Zerrbild, in dem sie sich als Welt darbietet, »bis ins Unmögliche übertreibt« (Mynona).

(Welche Stellung kann heute etwa eine Groteske auf den Antisemitismus haben, wie Mynona sie 1919 schreibt: »Poppen war es gelungen, den Antisemitismus auf die Tierwelt zu übertragen, so daß jeder Unterschied zwischen Antisemiten und Bestien derart hinfällig war, daß der Antisemit geradezu das missing link darstellte. Hunde gab es, nicht mehr auf den Mann, sondern nur noch auf den jüdischen Mann (eventuell auch das Weib) dressiert. (...) Der antisemitische Botaniker Heppkiss beschäftigte sich mit der Aufhetzung der Pflanzen gegen alle jüdischen Kinder. (...) Dem Kurpfuscher A. Bartels (im Judenmunde Barteles genannt) war es gelungen, das Anorganische gegen die Juden mobil zu machen, so daß die Felsen wackelten, wenn die Juden kraxeln wollten. Die Herstellung antisemitischer Artefakte, wie Möbel, Häuser, Kleider vervollkommnete sich mehr und mehr. Ja, die Herbeiführung antisemitischer Naturkatastrophen und Wetter reifte, unter dem rührigen Gebahren der Borkumer Akademie, der Vollkommenheit entgegen: in Palästina selber war ein antisemitisches Erdbeben im Gange.«[51])

In Friedlaender ist die Antwort auf die Frage, ob es die

Groteske gibt und, wenn ja, was sie auszeichnet, nicht schwer: Einen Fixpunkt kennt seine Philosophie, also kann es Grotesken geben. Und verzerrt, bestenfalls allegorisch, ist alles, was nicht das sichselbstgewisse Nichts ist, die Mitte. Die literarische Groteske ist also gar nicht so etwas Besonderes, weder gegenüber anderen literarischen Formen (einschließlich der philosophischen Abhandlung) noch gegenüber einem Handeln, das sich anders als in Literatur-Produktion und Lektüre äußert. Daß die Groteske als literarische Praxis nicht der Weisheit vorletzter Schluß ist, deutet Mynona auch mit den Helden seiner *Bank der Spötter* an, die bald vom Geschichtenerzählen zu einer umfassenden Lebenspraxis übergehen: eine »mit dem Leben spielende, seinen Ernst neckende Vereinigung« gründen, ein »heimliches Theater im Leben bilden« und ihr Leben »in die Imitation eines interessanten echten Lebens« verwandeln. (Friedlaender selbst schreibt einen Bittbrief an Thomas Mann — in Form einer Parodie auf Thomas Mann.)

Und so kommt es vielleicht gar nicht auf das Ob, sondern auf das Wie und das Wozu der Groteske an, darauf, daß die groteske Praxis mit Vorsatz und zweckdienlich ausgeführt wird. Theater im Theater also hieße die Parole, Groteske in der Groteske, Konzentration durch Ausdehnung, göttliches Nichts durch teuflische Expansion... Und wenn es vielleicht auch nicht mehr ganz Mynona ist, was liegt angesichts dieser Perspektive näher als die Vorstellung, daß das, was sich vor unseren Augen tagtäglich unerbittlich und überall vollzieht und uns als schlechtes Stück Groteske erscheint, in Wahrheit nichts anderes ist als die angestrengte Aktivität all jener Menschen, die sich auf dem eben vorgezeichneten Weg der Gegenbewegung zum wahren Selbst das Paradies erobern wollen. Wie sagt Mynona:

»Dreck, Leib und Pansa, Mensch, bist du nur äußerlich,
  Im reinen Innern ewig Don Quixote.«

Nachwort

Jedes ernsthafte Buch kann man auch humoristisch lesen.

Mynona

Anhang

Einige Erläuterungen von Begriffen

Salomo Friedlaender führt keine neuen Wörter in die Philosophie ein und baut sein Konzept mit nur wenigen Begriffen – und selbst von denen gehen einige noch ineinander über, was nicht so verwunderlich ist, bestimmt er den Begriff doch als »allemal der Stellvertreter des indifferenten Ich«. Die Begriffe sind im Text dargelegt, teils erläutert worden, während jene Eigenheiten unerörtert blieben, die der Autor für das Verständnis des Friedlaenderschen philosophischen Konzeptes nicht für unerläßlich hält (also etwa Friedlaenders Bestimmung des Begriffs Metaphysik im Unterschied zu Heideggers Position oder materialistischen Auffassungen). Die Darlegung eines Begriffes ist jedoch nicht immer an der Stelle erfolgt, wo er im Text zum ersten Mal benutzt wird, und ist nicht immer explizit. Daher:

Person/Selbst/Ich (bei Friedlaender wesentlich drei Wörter für einen Begriff) sind für Friedlaender vom (phänomenalen) *Menschen* geschieden: dieser ist »täuschender Wechselbalg« der Person, »korrumpiert identisch«, gehört zur Welt; jenes ist Bedingung der Welt samt des Menschen, ist das »Zentrum des apriorischen Organismus der Vernunft«. Person/Selbst/Ich ist das Absolute im Menschen: Schöpfer des Unterschiedes (von Ich und Welt und der Unterschiede innerhalb der Welt), selber aber absolute Indifferenz, Heliozentrum. Person kann sich nur polar äußern, nur durch Polarität zu sich kommen.

Polarität ist für Friedlaender, um es mit Schopenhauer zu sagen: »eigentlich jedes Auseinandertreten der Erscheinung einer ursprünglichen Kraft in zwei *qualitativ* verschiedene, zwar in *genere* identische, aber in *specie* entgegengesetzte Erscheinungen, in zwei Tätigkeiten, die sich entgegengesetzt sind, aber zur Wiedervereinigung streben« (Arthur Schopenhauer, Metaphysik der Natur, Cap. 12). Polarität ist die Form, in der Totalität sich einzig äußern kann. Die Erscheinungen, Extreme sind nicht direkt aufeinander bezogen, sondern über die sie konstituierende Mitte.

Welt ist »Auseinander desselben, das innen ohne Unterschied zusammen ich selber bin«: eine Art Emanation Gottes/des Göttlichen im Menschen/des göttlichen Ich.

Identität bezeichnet das unüberschreitbare Verhältnis des Ich zu dem von ihm Gesetzten: von Indifferenz zu Differenz, vom Absoluten zum Relativen. Bestimmt ist damit das Differente als Form des Indifferenten, der Unterschied als dem Indifferenten immanent; und daß es überhaupt Unterschied gibt (wo nicht unterschieden werden kann, ist auch die Aussage A=A nicht möglich) — Unterschied als Mittel des Indifferenten innerhalb des Identischen.

Indifferenz (absolute) ist sowohl Bedingung der Möglichkeit von Differenz (Welt, Bestimmtem) als auch Schöpfer der Differenz selbst; also nicht Resultat der Abstraktion vom Unterschied, vielmehr erste und letzte Bestimmung überhaupt. Absolute Indifferenz, schöpferisches Nichts, Person, Zentrales Sonnen-Ich, vielleicht sogar Gott und auch Vernunft (Friedlaender ist da nicht ganz deutlich) sind wesentlich nur verschiedene Ausdrücke für einen Begriff.

Differenz »Jede Grenze, und sei es der Punkt oder Augenblick, setzt eine Differenz.«

Nichts ist bei Friedlaender (wie bei jedem, der dazu etwas zu sagen hat) nicht vollkommene Leerheit, nicht reines, sondern bestimmtes Nichts, hier: Nichts an Welt. Dieses jedoch nicht als Negation — wenn es als »Nichts« gefaßt wird, so nur zur Abgrenzung von der trügerischen Fülle des Differenten — und nicht als Versöhnung von Extremen und nicht als Abgrund und nicht als Nichthaftes des Seienden. Das Nichts der Welt ist das schöpferische Prinzip: schöpferisches Nichts, ist Mitte, die sich konstituiert und zu sich kommt, indem sie als Welt um sich gruppiert, was sie dazu braucht, um frei von Differenz sein zu können. »Die Null ist eigentlich der Zählende selbst, die schöpferische Größe aller Zahlen.«

Magie ist verstanden sowohl als spontan und unvermeidbar sich vollziehende Umsetzung des Ich, des Willens, des Begriffs, der Absicht in Differenz: Welt, Handlung, Mensch; wie auch als zielgerichtete Umsetzung, das heißt Beherrschung der Welt durch das Ich.

Anmerkungen

Vorweg eine Liste der Veröffentlichungen von Salomo Friedlaender/Mynona, aus denen zitiert wird; Buchtitel sind kursiv angegeben.

Unter dem Namen Salomo Friedlaender erschienen:

Ausgelachte Lyrik. In: Der Sturm, Jg. 1 (1910/11), Nr. 1
Der Antichrist und Ernst Bloch. In: Das Ziel, Bd. IV (1920)
Der Philosoph Ernst Marcus als Nachfolger Kants. Leben und Lehre. Ein Mahnruf, Essen 1930
Fondants. In: Die Aktion, Jg. 1 (1911), Nr. 26
Friedrich Nietzsche. Eine intellektuale Biographie, Leipzig 1911
Jean Paul Sartre's Existentialismus. In: Deutsche Blätter (Santiago de Chile), Jg. 4 (1946), Nr. 31
Julius Robert Mayer, Leipzig 1905
Kant für Kinder. Fragelehrbuch zum sittlichen Unterricht, Hannover 1924
Kant gegen Einstein. Fragelehrbuch (nach Immanuel Kant und Ernst Marcus). Zum Unterricht in den vernunftwissenschaftlichen Vorbedingungen der Naturwissenschaft, Berlin 1932
Kants Vermächtnis. In: Der Sturm, Jg. 1 (1910/11), Nr. 53 ff
Katechismus der Magie. Nach Immanuel Kants »Von der Macht des Gemütes« und Ernst Marcus' »Theorie der natürlichen Magie« in Frage- und Antwortform gemeinfaßlich dargestellt, Heidelberg 1925
Mynona. In: Der Einzige, Jg. 1 (1919), Nr. 27/28; hier nach: Hartmut Geerken (Hg.), Die goldene Bombe. Expressionistische Märchendichtungen und Grotesken, Darmstadt 1970, S. 19 f
Polarität. Philosophischer Vortrag. In: Der Sturm, Jg. 2 (1911/12), Nr. 92
Psychologie (Die Lehre von der Seele), Berlin/Leipzig o. J. (1907)

Schöpferische Indifferenz, München 1918
Schopenhauer. Seine Persönlichkeit in seinen Werken, Stuttgart 1907
(Selbstcharakteristik). In: Hans Daiber, Vor Deutschland wird gewarnt. 17 exemplarische Lebensläufe, Gütersloh
Versuch einer Kritik der Stellung Schopenhauers zu den erkenntnistheoretischen Grundlagen der ›Kritik der reinen Vernunft‹. Inauguraldissertation zur Erlangung der Doktorwürde der philosophischen Fakultät zu Jena, Berlin 1902
Zur Kritik der Sinne. In: Die Aktion, Jg. 1 (1911), Nr. 31

Unter dem Namen Mynona erschienen:

Das Eisenbahnglück oder Der Anti-Freud, Berlin 1925
Der antibabylonische Turm. Utopie. In: Mynona, Prosa. Hg. von Hartmut Geerken, München 1980, Bd. 2, S. 165 ff (geschrieben 1931/32)
Der blinde Kiebitz. Erstveröffentlichung in: Mynona, Prosa, a. a. O., Bd. 1, S. 224-226
Der Gott lobsingende Teufel. In: Neue Blätter für Kunst und Dichtung, Jg. 2, 1919, S. 187 f
Der Holzweg zurück oder Knackes Umgang mit Flöhen, Berlin/Leipzig 1931
Der lachende Hiob und andere Grotesken, Paris 1935
Der Schöpfer. Phantasie, München 1920 (neu in Prosa, Bd. 2)
Die Bank der Spötter. Ein Unroman, München/Leipzig 1919
Für Hunde und andere Menschen, Berlin 1914
George Grosz, Dresden 1922
Hat Erich Maria Remarque wirklich gelebt? Der Mann. Das Werk. Der Genius, Berlin 1929
Hundert Bonbons. Sonette, München 1918
Mein hundertster Geburtstag u. a. Grimassen, Wien/Leipzig 1928
Rosa die schöne Schutzmannsfrau, Leipzig 1913
Selbstkarikatur. In: Simplicissimus, Jg. 36 (1931), Nr. 5. Hier nach: Salomo Friedlaender/Mynona, 1871-1946. Akademie der Künste Berlin, 5. Mai - 4. Juni 1972 (Ausstellungskatalog)
Trappistenstreik und andere Grotesken, Freiburg 1922

Briefausgaben:

Salomo Friedlaender/Mynona: *Briefe aus dem Exil*. 1933-1946. Hg. von Hartmut Geerken, Mainz 1982
Salomo *Friedlaender*/Mynona — Alfred *Kubin, Briefwechsel.* Hg. von Hartmut Geerken und Sigrid Hauff, Wien/Linz 1986

Unveröffentlichte Typoskripte (Deutsches Literaturarchiv, Marbach):

Das magische Ich
Der Humor als Weltanschauung
Ich. Autobiographische Skizze
Kant für Künstler. Fragelehrbuch in den Elementen der Ästhetik
Kant/Marx. Imaginärer Dialog zwischen Kurt Hiller und Mynona

I. Selbstunterschied

1 Zur Kritik der Sinne, Sp. 973
2 Das magische Ich, S. 197
3 Ebenda, S. 299
4 George Grosz, S. 9

II. Der hundertste Geburtstag

Der Text stammt aus: Mein hundertster Geburtstag, S. 11-15

III. Kant-Schopenhauer-Nietzsche

1 Paul Hatvani im Berliner Börsen-Courier vom 12.8.1922, nach: Salomo Friedlaender/Mynona 1871-1946. Akademie der Künste Berlin, 5. Mai-4. Juni 1972 (Ausstellungskatalog), S. 45
2 Schöpferische Indifferenz, S. 405
3 Mynona, S. 19

4 Der Holzweg zurück, S. 55
5 Der blinde Kiebitz, S. 224
6 Kant für Kinder, S. 10
7 Psychologie, S. 68
8 Friedrich Nietzsche, S. 43 f
9 Schöpferische Indifferenz, S. 134
10 Friedrich Nietzsche, S. 9
11 Schöpferische Indifferenz, S. 425
12 Kants Vermächtnis, S. 439
13 Arthur Schopenhauer, Die Welt als Wille und Vorstellung. Erster Band, § 1
14 Versuch einer Kritik der Stellung Schopenhauers, S. 16
15 Schöpferische Indifferenz, S. 381
16 Ebenda, S. 333

IV. Literatur, Glaube, Strategie

1 Fondants, S. 820
2 Aus einem Brief Salomo Friedlaenders, zit. in: Hartmut Geerken, Nachwort. In: Mynona, Prosa, Bd. 2, S. 279
3 Das magische Ich, S. 95
4 Der Philosoph Ernst Marcus, S. 9, 17
5 Der Holzweg zurück, S. 12
6 Ernst Marcus, Kants Weltgebäude. Eine gemeinverständliche Darstellung in Vorträgen, München 1917, S. 34
7 Karl Jaspers, Notizen zu Martin Heidegger. Hg. von Hans Saner, München/Zürich 1978, S. 118 f
8 Der Antichrist und Ernst Bloch, S. 110
9 Zur Kritik der Sinne, S. 972
10 Schöpferische Indifferenz, S. 148
11 Friedrich Nietzsche, S. 83
12 Ebenda, S. 11
13 Schöpferische Indifferenz, S. 388

V. Schöpferisches Nichts

1 Schöpferische Indifferenz, S. XV
2 Ernst Marcus, Kants Weltgebäude, a. a. O., S. 98
3 Der Schöpfer, S. 6
4 Schöpferische Indifferenz, S. 133
5 Ebenda, S. 276 f
6 Ebenda, S. 43
7 Ebenda, S. 79
8 Ebenda, S. 83
9 Ebenda, S. 91
10 Ebenda, S. 292
11 Ebenda, S. 305, 329, 324, 377
12 Psychologie, S. 4
13 Kant für Kinder, S. 84, 67
14 Schöpferische Indifferenz, S. 304
15 Kant für Kinder, S. 67
16 Julius Robert Mayer, S. 203 f
17 Schöpferische Indifferenz, S. 326
18 Ebenda, S. 351
19 Das Eisenbahnglück, S. 132
20 Schöpferische Indifferenz, S. 289
21 Ebenda, S. 303
22 Ebenda, S. 57
23 Friedrich Nietzsche, S. 11
24 Für Hunde, S. 11
25 Katechismus der Magie, S. 16
26 Schöpferische Indifferenz, S. 303
27 Ebenda, S. XXXI
28 Julius Robert Mayer, S. 200
29 Friedrich Nietzsche, S. 108
30 Julius Robert Mayer, S. 201
31 Schöpferische Indifferenz, S. 351
32 Polarität, S. 733
33 Schöpferische Indifferenz, S. 427
34 Ebenda, S. XXVII
35 Ebenda, S. 286
36 Das magische Ich, S. 174

37 Schöpferische Indifferenz, S. XXVIII
38 Ebenda, S. 16
39 Friedrich Nietzsche, S. 59
40 Schöpferische Indifferenz, S. 410
41 Ebenda, S. 167
42 Ebenda, S. 347, 399, 391, 424, 400
43 Ebenda, S. 330
44 Ebenda, S. 362
45 Der Philosoph Ernst Marcus, S. 8
46 Ebenda, S. 7
47 Der Philosoph Ernst Marcus, S. 56
48 Friedlaender – Kubin, Briefwechsel, S. 165
49 Katechismus der Magie, S. 69
50 Kant für Kinder, S. 49
51 Friedlaender – Kubin, Briefwechsel, S. 201
52 Schöpferische Indifferenz, S. 391
53 Katechismus der Magie, S. 21
54 Ernst Marcus, Hermann Cohens »Theorie der Erfahrung« und die Kritik der reinen Vernunft. In: Altpreußische Monatshefte, Bd. 47, Königsberg i. Pr. 1910, S. 405f
55 Ernst Marcus, Das Gesetz der Vernunft und die ethischen Strömungen der Gegenwart, Herford 1907, S. VIII
56 Kant gegen Einstein, S. 18
57 Kant für Kinder, S. 34
58 Das magische Ich, S. 157
59 Briefe aus dem Exil, S. 174
60 Die Bank der Spötter, S. 259
61 Ebenda, S. 348
62 Julius Robert Mayer, S. 210
63 Friedrich Nietzsche, S. 28
64 Für Hunde, S. 26
65 Friedlaender – Kubin, Briefwechsel, S. 68
66 Ich, S. 79
67 Das magische Ich, S. 238
68 Katechismus der Magie, S. XII
69 Das magische Ich, S. 234
70 Ebenda, S. 160f
71 Ebenda, S. 40

72 Ebenda, S. 293
73 Ebenda, S. 33, 148
74 Ernst Marcus, Das Problem der exzentrischen Empfindung und seine Lösung, Berlin 1918, S. 20, 68
75 Das magische Ich, S. 285
76 Der Schöpfer, S. 80 ff
77 Kant für Kinder, S. 26, 35
78 Das magische Ich, S. 181
79 In: Kant für Kinder, S. 46
80 Ernst Marcus, Das Gesetz der Vernunft, a. a. O., S. 278
81 Die Bank der Spötter, S. 178 f
82 Trappistenstreik, S. 91

VI. Übung macht den Magier

1 Katechismus der Magie, S. XIV
2 Ebenda, S. XI
3 Ebenda, S. XIX
4 Der Schöpfer, S. 53
5 Katechismus der Magie, S. 37
6 Briefe aus dem Exil, S. 182 f
7 Ich, S. 176
8 Katechismus der Magie, S. 40
9 Ebenda, S. 41
10 Schöpferische Indifferenz, S. 80
11 Der Gott lobsingende Teufel, S. 187
12 Trappistenstreik, S. 20
13 Schöpferische Indifferenz, S. 399
14 Jean Paul Sartre's Existentialismus, S. 52
15 Katechismus der Magie, S. 77
16 Die Bank der Spötter, S. 241
17 Selbstcharakteristik, S. 40
18 Schöpferische Indifferenz, S. 259 f
19 Aus: Hundert Bonbons
20 Friedlaender — Kubin, Briefwechsel, S. 25
21 Schöpferische Indifferenz, S. XIX f
22 Das Eisenbahnglück, S. 46

23 Mein hundertster Geburtstag, S. 7
24 Briefe aus dem Exil, S. 92
25 Das magische Ich, S. 174
26 Kant/Marx, S. 3
27 Der lachende Hiob
28 Rosa die schöne Schutzmannsfrau, S. 201
29 Zit. nach: Hartmut Geerken, Nachwort. In: Mynona, Prosa, Bd. 2, S. 295
30 Schöpferische Indifferenz, S. 327
31 Ebenda, S. 388
32 Der Antichrist und Ernst Bloch, S. 111
33 Ausgelachte Lyrik, S. 6
34 Der Holzweg zurück, S. 71, 28
35 Friedlaender – Kubin, Briefwechsel, S. 92

VII. Lehrbuch bis Groteske

1 Selbstkarikatur
2 Briefe aus dem Exil, S. 171
3 Ebenda, S. 143
4 Kants Vermächtnis, S. 419
5 Schopenhauer, S. 40
6 Kant gegen Einstein, S. 37
7 Schopenhauer, S. 35
8 Kant für Kinder, S. 8
9 Briefe aus dem Exil, S. 44
10 Ernst Marcus, Kants Weltgebäude, a. a. O., S. 34
11 Schopenhauer, S. 11
12 Der Holzweg zurück, S. 34
13 George Grosz, S. 14, 11
14 Kant für Künstler, S. 13
15 Ebenda, S. 29
16 Jean Paul Sartre's Existentialismus, S. 53
17 Der Antichrist und Ernst Bloch
18 Hat Erich Maria Remarque wirklich gelebt?, S. 229
19 Der Holzweg zurück, S. 13 f
20 Hat Erich Maria Remarque wirklich gelebt?, S. 123

21 Der Holzweg zurück, S. 29
22 Der antibabylonische Turm, S. 183
23 Der Holzweg zurück, S. 16, 71
24 Briefe aus dem Exil, S. 138
25 Der Holzweg zurück, S. 15 f
26 Ich, S. 136 f
27 Das Eisenbahnglück, S. 71
28 Das magische Ich, S. 164
29 Briefe aus dem Exil, S. 44
30 George Grosz, S. 14
31 Das magische Ich, S. 152 f
32 Erschienen in: Prosa, Bd. 1, S. 204 ff
33 Ich, S. 123, 125
34 Aus: Charon, Jg. I, September 1904
35 Hundert Bonbons, S. 95
36 Ich, S. 108
37 Der Humor, S. 4 f
38 Friedrich Nietzsche, S. 6
39 Schöpferische Indifferenz, S. 57
40 Ich, S. 2
41 Ebenda, S. 1
42 Ebenda, S. 2 f
43 Ebenda, S. 5
44 Die Bank der Spötter, S. 258
45 Mynona, S. 19 f
46 Selbstcharakteristik, S. 40
47 Schöpferische Indifferenz, S. 282
48 Kant für Künstler, S. 22
49 Hartmut Geerken, Nachwort. In: Mynona, Prosa, Bd. 2, S. 286
50 Joseph Strelka, Mynona. In: Wolfgang Rothe, Expressionismus als Literatur. Gesammelte Studien, Bern/München 1969, S. 623-636; ders., »Die Tiefe ist innen« oder der Grotesken-Erzähler Mynona. In: Colloquia Germanica, 1971/3, S. 267-282
51 Die Bank der Spötter, S. 396 f

Literaturhinweise

Die streng philosophischen Schriften Salomo Friedlaenders sind — mit Ausnahme des *Katechismus der Magie* (Freiburg i. Br. 1978) — im Buchhandel nicht erhältlich. Das Hauptwerk des frühen Friedlaender, *Schöpferische Indifferenz* (München 1918), ist in Bibliotheken zugänglich, die grundlegende Schrift der späteren Zeit, *Das magische Ich*, ist als Buch nicht erschienen und liegt als Typoskript im Deutschen Literaturarchiv in Marbach.

Konzentrierte Fassungen der philosophischen Konzeption Friedlaenders bieten unter anderem:
die Einleitung zu *Schöpferische Indifferenz*;
unter den im Buchhandel greifbaren Schriften Mynonas die Grotesken »Krieg, sagte der Irrsinnige, Krieg ist unmöglich — ist ewig unmöglich« (wiederabgedruckt in: Mynona, *Der verliebte Leichnam*, Hamburg 1985) und »Aërosophie« (wiederabgedruckt im Anhang des vorliegenden Buches) sowie die Phantasie *Der Schöpfer* (wiederabgedruckt in: Mynona, *Prosa*, Bd. 2. Hg. von Hartmut Geerken, München 1980);
Friedlaenders Briefe an R. Hanf vom 15.4.1942 und Anselm Ruest vom 13.9.1943 (erschienen in Salomo Friedlaender/Mynona, *Briefe aus dem Exil*. 1933-1946. Hg. von Hartmut Geerken, Mainz 1982).

In den letzten Jahren sind einige Sammlungen von Grotesken Mynonas erschienen:
Mynona, *Der verliebte Leichnam*. Grotesken — Erzählungen — Gedichte. Hg. von Klaus Konz, Hamburg 1985;
Mynona, *Prosa*. Hg. von Hartmut Geerken. 2 Bände, München 1980;
Mynona, *Das Nachthemd am Wegweiser*. Hg. von Helga Bemman, Berlin (DDR) 1980;
Mynona, *Rosa die schöne Schutzmannsfrau und andere Grotesken*. Hg. von Ellen Otten, Zürich 1965 (dort findet sich auch ein Auszug aus der »Autobiographischen Skizze« Friedlaenders).

Briefe Friedlaenders sind erschienen in: Salomo Friedlaender/ Mynona, *Briefe aus dem Exil* (s.o.), und: *Salomo Friedlaender/ Mynona — Alfred Kubin, Briefwechsel*. Hg. von Hartmut Geerken und Sigrid Hauff, Wien/Linz 1986.

Der Nachlaß Salomo Friedlaender/Mynona findet sich im Deutschen Literaturarchiv Marbach und im Friedlaender/Mynona-Archiv von Hartmut Geerken, Herrsching.

Eine umfassende Würdigung und Einschätzung von Werk und Person Friedlaender/Mynonas hat Hartmut Geerken dem Band 2 der von ihm herausgegebenen Prosa Mynonas als Nachwort angefügt. Dort findet sich auch eine ausführliche Bibliographie der Schriften Salomo Friedlaender/Mynonas und der Sekundärliteratur bis 1980.

Zwei Aufsätze Joseph Strelkas dürften für germanistisch-literaturkritisch engagierte Leser wichtig sein: Mynona (in: Wolfgang Rothe, *Expressionismus als Literatur*. Gesammelte Studien, Bern/ München 1969, S. 623-636), und: »Die Tiefe ist innen« oder Der Grotesken-Erzähler Mynona (in: *Colloquia Germanica*, 1971/3, S. 267-282).

Zeittafel*

Vorbemerkung

Die Rekonstruktion von Daten und Fakten in Friedlaenders Leben stößt auf nicht geringe Schwierigkeiten. Zum einen ist vieles verlorengegangen, was ihr hätte dienlich sein können, zum andern hat Friedlaender nie Wert auf eine äußere Biographie gelegt: »Die mangelnde Bedenkung des integervitalen Ich ist nicht nur ein autobiographisches, sondern das kardinalkulturelle Gebrechen (...)« (*Ich. Autobiographische Skizze* — unveröffentlicht, S.2). Friedlaender hat Daten und Fakten seines Lebens verschleiert und bewußt eliminiert, wo sie einmal niedergeschrieben waren. Friedlaender hat eine »innere Biographie«, bei der Daten irrelevant werden.

1871	4. Mai: Geburt von Salomo Friedlaender in Gollantsch, Kreis Wongrowitz, Provinz Posen, als Sohn einer jüdischen Arztfamilie; vier Geschwister.
1883	Schülerpension auf Norderney. Dort Bekanntschaft mit Ernst Barlach.
1885-87	Aufenthalt in Berlin.
1890-91	Sanatoriumsaufenthalt in Nervi bei Genua wegen chronischen Asthmas.
1890-97	Beschäftigt sich intensiv mit Arthur Schopenhauer.
1891	Vorübergehend Volontär in einem Fotostudio in Basel. Läßt sich bei einem Vetter in Freiburg im Breisgau nieder, wo er Privatunterricht nimmt, um das Abitur nachzuholen.

---

* Mit freundlicher Genehmigung des Herausgebers aus: Salomo Friedlaender/Mynona, Briefe aus dem Exil. 1933-1946. Hg. von Hartmut Geerken, Mainz 1982 (Verlag v. Hase und Köhler)

1892	Tod der Mutter.
1893	Gast in der Oberprima des Großherzoglichen Gymnasiums (heute Rotteck-Gymnasium) in Freiburg im Breisgau.
1894	20. Juli: Abitur.
	3. November: Medizinstudium an der Ludwig-Maximilian-Universität in München (bis 16. März 1895). Lehrer: Rüdinger, Baeyer.
1895	27. April: Studium der Zahnmedizin an der Königlichen Friedrich-Wilhelm-Universität in Berlin (bis 22. Mai 1896). Lehrer: Fischer, Hertwig, Warburg, Munk.
1896	Erste Veröffentlichung, ein »absurd pessimistischer Essai« (Titel und Ort unbekannt).
	23. Mai: Studium der Philosophie an der Königlichen Friedrich-Wilhelm-Universität in Berlin (bis Anfang 1897). Lehrer: Schmekel, Stumpf, Lazarus, Steinthal, Cohen, Dilthey, Paulsen, Dessoir, Erich Schmidt.
1897	Entwurf einer Philosophie »Von der lebendigen Indifferenz der Weltpolarität« (unmittelbare Vorarbeit zur »Schöpferischen Indifferenz«, 1918).
	10. März: Abgangszeugnis der Königlichen Friedrich-Wilhelm-Universität in Berlin.
	10. Mai: Studium der Philosophie, Germanistik, Geschichte, Archäologie, Kunstgeschichte an der Großherzoglich Sächsischen Gesammt-Universität in Jena (bis Sommer 1899). Lehrer: Liebmann, Eucken, Michels, Lorenz, Dinger, Erhardt, Rein, Gelzer, Noack.
1898	Freundschaft mit Paul Scheerbart.
	12. Februar: Tod des Vaters.
1899	Erste persönliche Begegnung mit dem Essener Juristen und Philosophen Ernst Marcus, der Friedlaender maßgeblich beeinflußte (Kontakt bis zu Marcus' Tod 1928).
	30. Oktober: Studien- und Sitten-Zeugnis des Prorectors und Senats der Großherzoglich Sächsischen Gesammt-Universität in Jena.
1900	Vorübergehend in Frankfurt/Main bei seiner Schwe-

	ster, um sich dort auf das Doktorexamen vorzubereiten.
1902	Dissertation *Versuch einer Kritik der Stellung Schopenhauer's zu den erkenntnistheoretischen Grundlagen der ›Kritik der reinen Vernunft‹*. Reise nach Berlin, wo er zwei Wochen bei seinem Vetter und Schwager Ernst Samuel (Ps. Anselm Ruest) wohnt.
1905	*Robert Julius Mayer* Bekanntschaft mit Samuel Lublinski. Erste Gedichtveröffentlichungen im »Charon« (insgesamt 72 Gedichte bis 1908).
1906	Endgültige Übersiedlung nach Berlin (Halensee, Johann-Georg-Str. 20). Er beginnt Grotesken zu schreiben, von Ludwig Rubiner dazu ermuntert.
1907	*Logik. Die Lehre vom Denken* *Psychologie. Die Lehre von der Seele* *Jean Paul als Denker. Gedanken aus seinen sämtlichen Werken* *Schopenhauer. Seine Persönlichkeit in seinen Werken* (2 Bände). Verdient sein Geld als philosophischer Vorleser.
1907-11	Wohnt erstmals in einer eigenen Wohnung. Zum Bekanntenkreis gehören Herwarth Walden, Else Lasker-Schüler, Johannes Schlaf, Paula Dehmel, Paul Scheerbart, Martin Buber, Kurt Hiller, Gustav Landauer, Erich Mühsam, Ludwig Rubiner u. a.
1908	*Durch blaue Schleier. Gedichte* Erste Veröffentlichung einer Groteske *Das Weihnachtsfest des alten Schauspielers Nesselgrün* in »Das Theater« (Jg. 1).
1910	Veröffentlichung von Grotesken im »Sturm« (ab Heft 3). Georg Simmel vermittelt Friedlaenders Nietzsche-Buch an die Göschen'sche Verlagshandlung.
1911	*Friedrich Nietzsche. Eine intellektuale Biographie* Eheschließung mit Marie-Luise Schwinghoff. Juli: Veröffentlichung von Grotesken in der »Aktion«.

	16. Dezember: Lesung im Neopathetischen Cabaret in Berlin.
1913	*Rosa die schöne Schutzmannsfrau*
	12. Juni: Geburt seines Sohnes Heinz-Ludwig.
1914	*Für Hunde und andere Menschen*
1915	Plan einer Zeitschrift »Erde 1915« zusammen mit Johannes Baader und Raoul Hausmann.
	Zweimal für den Kriegsdienst gemustert, jedoch wegen asthmatischer Konstitution und mangelnder Zurechnungsfähigkeit zurückgestellt.
1916	*Schwarz-Weiß-Rot. Grotesken*
	20. September: Zweiter Sturm-Kunstabend mit Rudolf Blümner, der Mynona liest.
1918	*Schöpferische Indifferenz*, durch Leonhard Frank an den Georg Müller Verlag vermittelt.
	Begegnung mit Alfred Kubin in Zwickledt (Österreich).
	Hundert Bonbons. Sonette
	13. April: Lesung im Kunstsalon der Hellerschen Buchhandlung in Wien.
	6. November: 78. Sturm-Abend, Vortrag von Friedlaender *Das Problem der exzentrischen Empfindung. Nach Ernst Marcus*
1919	*Die Bank der Spötter. Ein Unroman*
	Schwarz-Weiß-Rot (2. Aufl.)
	19. Januar: Gründung der Zeitschrift »Der Einzige« zusammen mit Anselm Ruest, darin in Fortsetzung Vorabdruck des *Schöpfers* (Mitarbeit Mynonas bis 1. November 1919, 28 Nummern).
	4. Mai: XX. Vortragsabend Ludwig Hardt mit Werken von Mynona.
	19. Mai: Mynona liest bei der 1. öffentlichen Veranstaltung der Gesellschaft für individualistische Kultur (Stirnerbund) in Berlin.
	14. Juli: Mynona liest bei der 2. öffentlichen Veranstaltung der Gesellschaft für individualistische Kultur (Stirnerbund) in Berlin.
1920	*Unterm Leichentuch*

Der Schöpfer
Nur für Herrschaften. Un-Freud-ige Grotesken
12. Januar: 2. Mynona-Abend im Hause Dr. Edgar Zacharias, Berlin.

1921 *Mein Papa und die Jungfrau von Orléans nebst anderen Grotesken*
Das widerspenstige Brautbett und andere Grotesken

1922 *Trappistenstreik und andere Grotesken*
Graue Magie. Berliner Nachschlüsselroman
George Grosz

1924 *Kant für Kinder. Fragelehrbuch zum sittlichen Unterricht*
Wie durch ein Prisma. Gedanken und Blicke im Zeichen Kants
Tarzaniade. Parodie
Ich möchte bellen und andere Grotesken

1925 *Katechismus der Magie*
Das Eisenbahnglück oder der Anti-Freud

1926 *Schöpferische Indifferenz* (2. Aufl.)
6. November: Rudolf Blümner liest Mynona im Berliner Rundfunk.

1927 *Unterm Leichentuch* (2. Aufl.)

1928 *Mein hundertster Geburtstag und andere Grimassen*, auf Empfehlung von Karl Kraus bei Jahoda & Siegel.
25. Februar: Lesung in Essen.
30. Oktober: Tod von Ernst Marcus.

1929 *Hat Erich Maria Remarque wirklich gelebt?*
Der neue Ibikus

1930 *Der Philosoph Ernst Marcus als Nachfolger Kants*

1930/31 *Der Anti-Freud*, identisch mit *Das Eisenbahnglück oder der Anti-Freud*, 1925.

1931 *Sautomat*
Der Holzweg zurück oder Knackes Umgang mit Flöhen
Geheimnisse von Berlin. Ein Roman, identisch mit *Graue Magie*, 1922.

1932 *Kant gegen Einstein. Fragelehrbuch (nach Immanuel Kant und Ernst Marcus) zum Unterricht in den vernunftwissenschaftlichen Vorbedingungen der Naturwissenschaft*

1933	16. Oktober: Flucht nach Frankreich. Wohnt in Paris 20e, 5, Rue Stanislaus Meunier (bis 1935), dann Paris 20e, 10, Avenue de la Porte de Ménilmontant (bis zu seinem Tode). Sein Sohn Heinz-Ludwig wohnt heute noch dort.
1934	*Biblianthropen* (25 Exemplare!)
1935	*Der lachende Hiob und andere Grotesken*
1936	*Ich. Autobiographische Skizze (1871-1936)* — unveröffentlicht
1937-43	*Das magische Ich* — unveröffentlicht *Gut und Böse* — unveröffentlicht *Kant für Künstler* — unveröffentlicht *Der Vernunftmensch* — unveröffentlicht und weitere philosophische Arbeiten.
1941-43	Verläßt zwei Jahre lang seine Wohnung nicht.
1943	8. Mai: Die Gestapo will ihn abholen, er ist aber nicht transportfähig. Seine Frau wird ins Internierungslager Drancy eingeliefert.
1946	9. September: Friedlaender stirbt 75jährig und wird auf Armenkosten im jüdischen Teil des Pariser Friedhofs Pantin beerdigt. Die Totenrede hält Rudolf Leonhard.

Fünf Stücke von Mynona

Der Text »Wie sie so sanft ruhen!« ist entnommen aus: Mynona, Mein hundertster Geburtstag u. a. Grimassen, Wien/Leipzig 1928; »Aërosophie« aus: Mynona, Rosa die schöne Schutzmannsfrau, Leipzig 1913; »Ich möchte bellen« aus: Mynona, Das Eisenbahnglück oder Der Anti-Freud, Berlin 1925; »Das Wunder-Ei« aus: Mynona, Schwarz-Weiß-Rot, Grotesken von Mynona, Leipzig 1916; »Das Pferderennen ohne Pferd« aus: Mynona, Die Bank der Spötter. Ein Unroman, München/Leipzig 1919

Wie sie so sanft ruhen!

Manchmal ... nein, nicht manchmal! Mit ›manchmal‹ zu beginnen, ist unanständig.

Also der Sargtischler Knud Menkenke lag auf den Tod darnieder. Selbstverständlich stand der von ihm gezimmerte Sarg schon bereit, und zwar längst. Seit fast einem halben Jahrhundert lebte Knud in überaus zahmer Ehe mit Lola, geb. Knopp. Lola und Knud, von zahllosen Kindern und Kindeskindern umrahmt, führten bis zu Menkenkes stillem Ende ein wahrhaft idyllisches Leben. Das Sarggeschäft ernährte seinen Mann. Es war jeder Epidemie überlegen und ging flotter als der Tod. Eines Tages machte dann Menkenke obendrein seine berühmte Erfindung: Särge mit kinderleicht an- und abschraubbaren Beinchen. Sehr gefragt. Für Todesfälle in seiner engeren Familie hielt er con amore gearbeitete Prunksarkophage vorrätig. »Es empfiehlt sich«, mahnte er die Kundschaft, »Ihre Särge nicht erst zu bestellen, wenn der Tod schon mitten im Zimmer steht. Sorgen Sie gefälligst vor! Kaufen Sie die Waren noch bei Lebzeiten ein! Eine alte, schöne Sitte. Gibt es doch Mönche, die Särge statt der Betten benutzen. Wer mit seinem Sarge vis-à-vis lebt, gewöhnt sich leichter ans Sterben. Der Sarg redet Einem gleichsam freundlich zu.«

Menkenke ging, obgleich Lola sich ein wenig sträubte, mit gutem Beispiel voran und hobelte für sie und sich zwei feinfeine Leichenbehälter. Über Erwarten rasch gewann Lola die makabren Kästen lieb und benutzte ihren eigenen sogar wirklich als Truhe: Dörrobst, besonders Backpflaumen, mitunter auch altes Kinderspielzeug, Strickwolle, Konserven, Kartoffeln u. dgl. darin unterzubringen, war ihr zur zweiten Natur geworden. Gewiß! Deckel auf; etwas hineingeworfen; Deckel zu;

sehr einfach. Aber Knud ging es zu weit: »So'n Sarg ist kein Müllkasten, Weib!« stellte er sie zur Rede, »das schickt sich nicht.« Lola lächelte nur: »Deiner bleibt ja leer, was willst du?« »Das wollt' ich mir auch ausgebeten haben«, brummte Knud. »Mit meinem mache ich aber, bis ich drin bin, was ich will«, beharrte Lola, und Knud fügte sich kopfschüttelnd, kam aber auf erfinderische Gedanken.

Offerierte seinen Kunden bald darauf mysteriöse Schreibtische, Kleiderschränke, Waschtische, Wiegen, Plättbretter, Ehebetten, deren düsteres Geheimnis eben darin bestand, daß sie dringendenfalls sofort in Sargform umgewandelt werden konnten. Die Marmorplatten der Waschtische sehnten sich förmlich danach, Leichensteine zu werden. Für Geschäftsreisende hielt er Särge in Gestalt von Musterkoffern auf Lager: »Sie können ja nie wissen«, entwickelte er dabei geschwätzig seine praktische Philosophie, »wo Sie 'mal Ihr Ende finden. Ist es da nicht eine Beruhigung, den eigenen Sarg gleich zur Hand zu haben! Blitzschnell mit ein paar Handgriffen ist das Möbel in die letzte Ruhestatt zu verwandeln. Zerbricht Ihnen das Stück, ist es bei mir versichert. Machen Sie doch 'mal 'ne Probe, damit Sie merken, was das für'n Trost gibt, sich so ans Ende zu gewöhnen! Der Tod wird Ihnen gemütlich vertraut, wenn Ihr Sarg Sie anmutet wie eben ein liebes Gebrauchsstück.« Der Mann drang mit seiner zuerst abschreckenden Auffassung schließlich doch durch, galt als Leuchte seines Fachs, wurde Obermeister seiner Innung.

Im Schlafzimmer der Menkenkes wuchtete das behäbige Ehebett, und dicht daneben, in einer kleinen, schmucken Kammer standen die beiden Särge. Bis dann, wie gesagt, der eine, leere mit Knuds braver Leiche ausgefüllt wurde. Wenige Tage später holten ihn vier Kameraden feierlich ab, hoben ihn auf die Schultern, nachdem sie den Deckel sorgfältig angenagelt hatten. Mit angestrengten, schon dadurch mitgefühlvollen Gesichtern trugen sie ihn die Stufen hinab und schoben ihn in den Leichenwagen. Der setzte sich, die trauernde Familie hinterdrein, langsam in Bewegung nach dem Friedhof. Unter Choralgesängen wurde, nach Pfarrer Bommels seeleneindringlicher Predigt, der Sarg ins Grab gesenkt, und hundert Hände schütteten Erde und Blumen...

Die Witwe war nicht so lustig, wie gewisse Operettenmacher sich das vorstellen, — aber getrost! »Auch mein Sarg«, erklärte sie gefestigt, »steht schon bereit«. Ein gewisses, leicht verständliches Etwas verwehrte ihr einstweilen, ihn gleich wieder mit Dörrobst etc. zu profanieren. An Stelle des Verstorbenen hielt sie sich viel im Sargmagazin auf und ließ sich von den Kunden gern an die mitunter so närrischen Reden ihres Mannes erinnern. Und jeden Sonntag wallfahrtete sie nach seinem Grabe, auf dessen Granitstein ihr Name ausgespart war.

Eines Tages siegte die alte Gewohnheit. Ihre Schürze mit Kartoffeln gefüllt, schritt sie der Kammer zu, worin ihr verlaßner Sarg wie in melancholischer Ungeduld harrte. Sie öffnete die zugeriegelte Kammertür, — und ihre Nase spürte die sonderbarste Anwandlung. Ahnungsvoll, halb benommen, einer Ohnmacht nahe, hob sie den Deckel vom Sarge: »Knud!!!« kreischte sie auf und sank dahin. Knud, frisch verwesend, grinste wie absichtlich... Die Kameraden hatten Lolas Sarg verkannt...

Man fand die arme Alte erst am andern Tage auf. Die ganze Stadt geriet in Erregung. Das Begräbnis wurde natürlich wiederholt. Grauenvoll! Man hatte Backpflaumen, alte Windeln, ein Korsett, ein paar Wachspuppen nebst einer Gummiunterlage begraben. Unter Chorgesängen! Mit einer Predigt, welche Bommel nicht wieder halten wollte; weswegen man einen andern Pfarrer bat; worüber Bommel sich mit diesem verzankte. —

Immerhin lebt Lola noch heute. In ihren Sarg tut sie, wenn sie sich, um ihn abzustauben, mal darüber beugt, nichts als Tränen. Allerdings hatten die Enkelkinder über die grimmige Verwechslung manchmal gelacht. Großmutter verwies es ihnen. So sind die Vorurteile der alten Generation: sie weint genau an denselben Stellen, an denen die jüngere kälbert. Darin besteht der Fortschritt. Aber Leichen, zumal die des alten Knud, haben doch eine Art meilenferner Schelmerei in ihren gräßlich allwissenden Zügen.

Aërosophie

Des Morgens hat man schöne kalte Luft, ich ging aus. Am Dönhoffsplatz traf ich den Marsbewohner Myno Deusp, er hielt Vortrag vor ein paar Leuten, die Droschkenkutscher zu sein schienen; auch einige leichte Mädchen standen dabei und stenographierten eifrig. Aber kaum war das letzte Wort verklungen, da stellte ich mich ihm vor und bat ihn um einige Erläuterungen. »Sind Sie auch Droschkenkutscher?« fragte er angestrengt. Ich sagte: »Logischer«. Diese Antwort schien ihn mächtig zu rühren. »Sie haben unmenschlicher Weise nicht *nein* gesagt, und deswegen sollen Sie mich zu ›fassen‹ kriegen. Ich will Ihnen den ganzen Zauber beibringen — aber nicht *hier*. Folgen Sie mir!« Damit ergriff er mich bei der Hand, ich fühlte mein Eigengewicht, als ob mein Schwerpunkt sich verschoben hätte, wohltuend alteriert; wir erhoben uns in den Luftraum, standen einige hundert Meter über dem Kreuzberg still und leicht in der Luft, und Myno sprach: »Also, damit sie den Vortrag von vorhin nachträglich besser verstehen, — das Zeichen ∞ bedeutet doch ›unendlich‹? Na! Ich meine man bloß: man soll im ∞ so leben, wie man mit ∞ *zählt*! Nämlich *nicht* vom Anfang, den es nicht gibt, bis zum Ende, das es auch nicht gibt; sondern vom Nichts, von der Null als wie von der reinen *Mitte* aus, nach Minus und Plus des ∞ hin. Achten Sie nun wohl auf die Torheit der menschlichen Vernunft, daß sie das Nichts des Unterschieds im ∞ als *Tod* verstehe! Also, wenn die Weltkraft unerschöpflich wäre, so würde der Mensch sie doch ›fertig‹ kriegen, ›konstant‹ kriegen — ohne die leiseste Ahnung vom Leben dieses Scheintodes, dieser Lebensstarre, dieser Lebens-Null!!!! (Myno spie auf den Berg.) Verstehen Sie! Der Mensch begreift das ∞ niemals, weil er glaubt, es sei ohne Grenze; und die Grenze nicht, weil er wähnt, sie sei das ›Endliche‹ im ∞!!!! Daraus muß ein hübscher Blödsinn werden. Kraft, sagt er, nimmt nicht ab noch zu, daher ist sie nie gleich ∞. Himmel! Deswegen nur, wegen dieser elendigen logischen und sinnlichen Versündigung an seinem ∞ bleibt der Mensch der Mensch. Wir Martianer kennen eine sehr gefährliche Krankheit, nämlich das Sterben vor Lachen über den Menschen; über seine possierlichen Allüren im Umgange mit seinem persönlichen, leibeigenen ∞. Besonders der Tragik dieses Tieres widersteht so leicht kein Zwerchfell.

Hamlet ist bei uns eine Lachsalven erregende Parodie, ohne daß wir eine Silbe zu ändern brauchten. Ein Wort von Schiller bringt uns um. Unser witzigster Autor ist Schopenhauer aus Danzig. Das menschliche Lachen ist uns eher antipathisch; amüsanter ist der qualvolle Mensch, ich verrate Ihnen, daß die vereinigten Bewohner sämtlicher Planeten des Sonnensystems sich die Erde als unfreiwillige Lustspielbühne eingerichtet haben.« Er gab mir einen Stoß in die Seite, daß ich in der Luft auf dem Kopfe stand; er drehte mich liebreich wieder um und wollte Abschied nehmen. »Erlauben Sie, Herr Deusp«, sagte ich, »bevor Sie verreisen, möchte ich meine Erdschwere wiederhaben; und übrigens, nehmen Sie Rücksicht auf meine Fassungskraft! Erklären Sie, statt zu lachen!«

Myno winkte, plötzlich hatten wir mitten in den Lüften zwei Klubsessel unter uns; es war herrlich!

»Das ∞«, dozierte Myno, »scheint ne kolossale Sache, ist aber für Personen, die mit umzugehen wissen, man bloß ein Kinderspiel; ein *Wider*spiel. Es ist nämlich, wo und wie Sie es nur finden, ein Unterschied, ein Selbstunterschied, und sein Selbst ist Person, – denn ›Ich‹ ist nur Pseudonym der ewig anonymen Person. Einen Selbstunterschied nennt man Polarität: Das ∞ ist eben nicht einfältig schlicht, sondern polargeschlechtlich. Sie werden begreifen, welchen Fehler man macht, wenn man, es zu erwägen, weder eine Wage benutzt noch den Wägenden in Betracht zieht! Und nur eine grobe Krämerwage würde, auf jeder ihrer beiden Schalen mit ∞ belastet, mit ihrer Zunge tödlich einstehen und uns vom Gleichgewicht eines ∞ eine leblose Vorstellung geben. Bei ›Konstanz‹, bei ›Erhaltung‹ hat der Mensch kein Arg daraus, daß doch hier ein ∞ gegen ein ∞ sich aufhebe. Diese Aufhebung ist doch ein kraftstrotzendes Drittes! Diese haarfeine Messerschneide, über die der Unterschied einer ganzen Welt balanciert, erachtet der Mensch als *nichts*! Er sieht den Unterschied dieses Nichts nicht! Sein Aberglaube an die *Einartigkeit* des ∞ verdirbt ihm das Auge für dessen wahre Übereinstimmung mit sich selbst, die aus dessen echtem *Selbstwiderstreit* hervorgeht, — und die sogenannte Erhaltung aller Kraft ist ja ein totgeborenes Kind, so lange man diesen Ehestand der Kraft (des ∞) verkennt! Mit einem Schlußwort: *die Kraft wehrt sich nicht etwa gegen das ∞*, also keineswegs gegen unermeßliche Verluste und Gewinne: sondern allein gegen das Fehlen einer sie ›erhaltenden‹, das bedeutet aber: kompensierenden, balancierenden, also keineswegs toten, sondern blühenden Mitte.«

»Mitte! Mitte? 's klingt so wunderlich,« meinte ich. Myno ließ die Klubsessel verschwinden; wir standen kerzengrade in der Luft, es briselte angenehm, der Himmel überzog sich mit leichten Wolken. Myno knöpfte sich den flatternden schwarzen Rock zu und sagte so laut, daß ich fürchtete man höre es bis unten: »Die echt lebendige Mitte des ∞ ist eben Person, ist eben persönlich. Da hat zum Beispiel auch die Zahlunendlichkeit in ihrer Mitte eine Lücke, ein Loch, das der Arithmetiker persönlich ausfüllen sollte; statt dessen zählt er nichts und wieder nichts = O! — Oha! Der Mensch ist ein wahres Labsal für einen alten Martianer!« Er winkte eine Wolke heran und verschwand in ihr, es guckte nur noch ein schwarzes Zipfelchen seines Rockes hervor. Ich sank wie im Lift glimpflich auf den Kreuzberg; die Kutscher sahen so vergnügt aus.

Ich möchte bellen

Immer wieder gesagt, daß die Behauptung, zum Zustandekommen des Liebesaktes trage hauptsächlich der Geschlechtstrieb bei, fürchterlich flach ist; nicht weniger falsch als die entgegengesetzte, daß das verhängnisvolle Ereignis meistenteils ohne jenen Trieb entstehe. Napoleon glaubt wunder was für'n Psycholog zu sein, wenn er, Goethen gegenüber, dem Werther außer dem Liebesmotiv noch etwa verletzte Eitelkeit als Beweggrund unterschob; eine Naivität! Man analysiere die allersinnlichste Liebe — man wird lauter prosaische Elemente und das anscheinend elementare Phänomen sehr derb und grob zusammengesetzt finden. Ein bißchen Lüsternheit (bis zur Geilheit) als Würze, als angenehmer Begleitumstand zu einer viel wichtigeren Hauptsache, die recht nüchtern wirkt, — das ist alles. Gibt es übrigens ein probateres Mittel zur Beschwichtigung der gesamten Geschlechtspassion, als sie bei unserem kalten Lichte zu betrachten und sich davon zu durchdringen, daß die sensationelle und überschäumende Gier tatsächlich eine Maskierung für so viel anderes, bis zur Kinderei Alltägliches ist! Folgendes Beispiel dürfte schlagend sein:

Die Eltern nahmen den wahnsinnig kleinen Knaben, den sie Krull nannten, in den Zirkus mit. Aber Krull interessierte sich keineswegs für das eigentliche Spiel, weder Akrobaten noch Reitkünstlerinnen, noch die Dressur der Raubtiere zogen ihn in ihren Bann. Sondern einzig und allein der dumme August hatte es ihm angetan, besonders aber dessen überaus täuschend natürliche Tierstimmenimitation. (Hätte er die »Imitation Christi« gekannt, sie wäre ihm leichter und weniger bewundernswert erschienen).

So kleine Knaben kommen dann nach Hause und üben, was

sie erfahren haben, bis zur Bewußtlosigkeit sich selber ein. Aber vergebens strengte sich little Krull an, das Augusteische Vorbild auch nur halbwegs zu erreichen. So gern hätte auch er wie ein Hund gebellt; es gelang ihm nichts als ein heiseres Krächzen, dessen häufige Widerholung ihn immer heiserer machte. Als die Zirkusleute ihr Zelt abbrachen, lief er dem dummen August eine Strecke weit nach und bettelte heftig um dessen Erbarmung: »Belle doch mal ganz langsam und deutlich, damit ich es genau nachmachen lerne!« Der dumme August lachte und bellte so herrlich, daß alle Hunde der Umgegend stundenlang heulten. Der kleine Krull jedoch lernte es nicht.

Man kennt den Theosophen, der die Organe des Kehlkopfes in funktionale Abhängigkeit von denen des Geschlechts bringt. Als der kleine Krull in die Pubertät kam und gehörig mutierte, alterierten sich auch seine Bellversuche, welche ihm jahrelang danebengegangen waren, ohne daß er sie jemals aufgab, dermaßen, daß man seine Zimmerwände und Türen schalldicht abdämpfen ließ. Schon, wenn ein kleiner Knabe richtig bellt, freuen sich nur sehr wenige Leute darüber; wie denn fast jeder das trübe Geschick erduldet, daß, außer ihm selber, niemand rechte Freude an ihm hat. Geschweige nun, wenn einer bellen will und nicht kann. Inzwischen war ja, wie auch Krull heimlich hoffte, noch lange nicht aller Tage Abend.

Gymnasialdirektoren und Waschfrauen wissen ein brünstiges Lied von den reißenden Fortschritten der eben erst aufkeimenden Pubertät zu singen; bei Krull hätten sie es lieber bellen müssen. Krull, sechzehn durch, stieg bereits Backfischen, ja noch viel reiferen Damen nach, und zwar nicht etwa aus Lüsternheit, sondern weil es ihm vorkam, als ob er in der Nähe der holdseligen Geschöpfe richtiger und nachhaltiger bellen könnte. Freilich wußten die Angebeteten es nicht eben zu schätzen; sie hatten gar kein Interesse daran, daß Krull mit ihrer Hilfe seinen Bellzweck endlich präzis erreichte. Nicht nur hatten sie kein Interesse daran, sondern sie flohen deshalb die Nähe, die Krull so gern suchte. Denn wie mancheine fand sich bitter enttäuscht, wenn sie, statt des erwarteten, ersehnten Liebesantrags, nur ein mißglücktes Wauwau vernahm. Da Hunde sehr obszöne Tiere sind, fühlt sich die höhere Tochter zur Hündin erniedrigt und angewidert; es fehlte nur noch ein aufgehobenes Hinterbeinchen, um dem Gebahren des nunmehr Jünglings eine geradezu sodomitische Nuancierung zu geben.

Doch eines Tages, vielmehr Abends, geriet unser Krull an die Richtige. Vor kurzem erst war der Dirne Mary Neumann ein zu gewissen Ersatzzwecken sauber abgerichtetes Affenpintscherschen gestorben. Das Kerlchen hatte ein heiseres Gekläff am Leibe gehabt, und schon die Erinnerung feuchtete Marys (sowieso etwas wässerige) Augäpfel. Als sie plötzlich (um in diesem Falle der Wahrheit die Schande zu geben) dahinstrich und Krulls heiseres Gebell hinter sich hörte, zuckte einen Moment lang die Vision eines hündischen Astralleibs in ihr auf. Sie drehte sich um und begeisterte sich sofort für den so anheimelnd bellenden Jüngling. Bald darauf war es in einer ziemlich (oder richtiger unziemlich) blaugetünchten Dachmansarde, durch deren schräge Oberlichtscheibe der Sternenhimmel ins Lotterbette sank, um Krulls bisherige Unschuld geschehen.

Starb indessen die Unschuld, so erzeugte sich aus deren Sterben eine desto tüchtiger bellende Schuld; mit andern Worten: der berühmte Akt eben begeisterte, auf seinem Höhepunkte, den Mann gewordenen Krull zu einem an Echtheit jeden kläffenden Köter beschämenden Bellen. Krull aber geriet in eine Ekstase des Glücks; das Geheimnis, wie er am besten bellen — und nicht bellen, sondern jede gewünschte Tierstimme, sogar das Zirpen der Grillen — täuschend nachahmen könne, lüftete sich ihm plötzlich. Wer (als höchstens ein »Psychoanalytiker«) will es ihm verübeln, daß er sich des Aktes möglichst oft als Mittels bediente, um beileibe nicht der Wollust, wohl aber der Wollust des Bellens, Wieherns, Summens, Iahens usw. zu frönen? Welchen Tierlaut er wählte, kam auf das Weib an, das ihm just unterlag; und hierin war er so feinfühlig, daß er bei frigiden nur den Glucklaut der Fischlein im Wasser wiedergab.

Seine Spezialität sprach sich herum, und bald war er (solche Sphinx ist das Weib) von jung und alt begehrter als der beste Phonograph, zumal er das Nützliche mit dem Angenehmen verband. Im kräftigsten Mannesalter ließ er sich von einer Zirkusreiterin und Dompteuse zum Heiraten verleiten und ist heute der wohlbestallte Vater von etlichen Mißgeburten, die zwar nicht sprechen, desto wundervoller aber heulen, grunzen, quieken, quaken, vorzüglich aber bellen können und die Zierde jedes Rummelplatzes sind. –

Die Behauptung, Krull wäre ein bloßer Wollüstling, ist eine derartige Frechheit und Antipsychoanalysis, daß mir der Atem ausgeht.

Das Wunder-Ei

Denken sich mal! Also denken Sie sich mal ein riesengroßes, ein Ei so groß wie etwa der Petersdom, der Kölner und Notre Dame zusammengenommen. Also denken Sie sich mal: Ich, nicht faul, geh durch die Wüste, und mitten in der Wüste (Durst, Kamel, weißes Gebein in braungelbem Sand, eine Messerspitz' El-se-las-Kersch-ül-er, Karawane, Oase, Schakal, Zisterne, Wüstenkönig — pschüh!!) ragt und wölbt sich das herrliche Riesen-Ei. Denken sich mal die Sonne ein Funkeln prall 'runterduschend, daß das Licht vom Ei nur so abspritzt. Mein erster Gedanke war: Fata (Fee) Morgana. Nix zu machen! Ich tippe dran. Das Ei verrät sich dem Tast- und Temperaturgefühl. Ich frage 'rein: »Ist da jemand drin?« Keine Antwort! Jeder andre wäre vorbeigegangen, es wäre ihm nicht geheuer gewesen, oder was weiß ich. In solchen Fällen pflege ich aber nicht eher zu ruhen, als bis ich genau weiß, woran ich bin. Ich geh also um das Ei 'rum — und richtig, in Manneshöhe entdeck' ich einen dunkelgrünen Knopf, so groß wie eine Walnuß. Ich drücke. Das Ei sinkt Ihnen mächtig in den Boden, bloß die Spitze guckt noch aus dem Wüstensand 'raus. Denken Sie mal, wie das auf mich wirken mußte. Auf der Spitze war aber ein ebensolcher Druckknopf. Ich drücke — der Donner! Es gibt mir einen Schlag: das Ei war plötzlich, aber doch sanft, wieder hochgeglitten. Denken Sie mal, daß ich mitten in der Wüste dieses Spiel gegen hundertmal wiederholte. Denken Sie mal! Ich freute mich wie ein Kind. Schließlich wurde ich aber allmählich auf den tiefern Sinn dieses kindischen Spiels neugierig. Untersuche also nochmals das Ei und finde endlich nach langem Bemühen eine ganz feine Fuge, die vertikal durch das ganze Ei zu gehen scheint. Ich sehe mir den Druckknopf an, ich fasse ihn an, ohne zu drücken, unversehens drehe ich dran — da legst di nieder: Das Ei legt sich auf die Seite; die Spitze, auf der es stand, kehrt sich mir aus der Erde wie die einladendste Pforte zu, ein jaspisgelber Eidotter glänzt mich verheißend an. Denken Sie mal, da verschönte, wie man sagt, ein Lächeln meine häßlichen Züge. Auf dem Eidotter las ich folgende Inschrift:

>»Wüstenwanderer,
> der zum erstenmal das
> Ei der Eier
> erblickt und sich (denken Sie mal!) kindlich daran ergötzt hat,
> wisse:
> daß dieses Ei allein die Wüste zum Eden umschaffen
> kann. Eia!
> Löse mir nun dieses Eies Geheimnis!«

Verfluchter Leser, haben Sie die Fuge vergessen? Diese Fuge ging nun auch vertikal über die bauchige Eidotterpforte. Aber kein Knopf war dran. Ich klopfe an, es klingt, wie wenn Sie sich bei geschlossenen Ohren mit der Fingerspitze auf den Deetz hacken. Ich seh' mir nochmals ganz genau die kreisrunde Grenze an zwischen Dotter und Schale, und denken Sie mal, rechts von der Spalte, der Fuge, ist eine vielleicht fingergroße Öffnung; ich stecke auch vorsichtig den Finger hinein. Aber denken Sie mal, ich kriege ihn nicht wieder 'raus. Was würden Sie nun getan haben? Zur nächsten Polizei gehen? Ha, Europa bleibt hier hübsch draußen! Außerdem läßt kein Ehrenmann so leicht seinen Finger im Stich. Da ich den Finger nicht wieder 'rauskriegte, drückte ich mit der ganzen Gewalt meiner Hand noch fester nach — und richtig, der Dotter rechts ließ sich 'raufrollen, ich bekam den Finger frei und sah in das Ei hinein. Da ich aber nichts Genaues unterschied, gab ich dieser rechten

Eidotterhälfte einen kräftigen Schubs nach oben und stieg (denken Sie mal) in das Ei hinein. Ich hatte das Gefühl, als ginge ich auf gelbem Schnee. Nachdem sich meine Augen an die milde Dämmerung gewöhnt hatten, seh' ich auf einmal sich eine breite schöne Treppe mit flachen Alabasterstufen vor mir erheben. Steige nun hoch auf ein Aussichts-Plateau und staune das Ei-Innere an. Hüben liegt die Pforte, drüben die Gipfelspitze, unter mir gelber Schnee, über mir gleißt durch die Fuge die obige Wüstensonne. Denken Sie mal an meine Situation! Immerhin entdecke ich im ganzen weiter nichts Merkwürdiges, es sei denn die Spitze, wo irgendetwas zu lauern schien. Vom Plateau aus führte dorthin eine entgegengesetzte Treppe, die ich dann auch betrat, und die abwärts bis zur Spitze ging. Und diese ewige Eierschalenwölbung! Der ewige gelbe Schnee, oder was es für'n Zeugs war. Wie ich nun endlich an der Spitze stehe, seh' ich im selben Moment die Pforte gegenüber zurollen, denken Sie nur mal an. Ich schreie. Ich kann Ihnen nur den guten Rat geben: schreien Sie nie in einem Ei! Das gibt so'n herumrollendes Getöse, daß Ihnen schlimm wird.

Aber nicht nur die Pforte rollt zu, sondern ich merke, das Ei geht Ihnen wieder hoch, es richtet sich auf, aus der Treppe wird eine steilrechte Leiter, auf deren oberster Sprosse ich stehe. Und plötzlich, denken Sie mal, fühl' ich das Wüsten-Ei wieder tief in die Erde sausen. Trotzdem blieb es schön dämmerig, denn seh'n Sie mal: die Eierschale phosphoreszierte nur so drauf los. Und nun endlich geschah das Seltsamste: Das Ei sprach mit mir, das heißt: es phosphoreszierte mich immerfort so artikuliert an, daß ich unwillkürlich verstehen mußte. Denken Sie mal, das Ei behauptete, die Wiedergesundung der ganzen Wüste hinge von seiner Vernichtung ab. Ein scherzhaftes Ei! Ich lächelte nicht wenig. Da wetterleuchtete mir das Ei die bekannte These: »Die Wüste wächst!«

Und ob ich nicht bemerkt hätte, daß das Ei steigen und sinken könne? Na ob! Es sagte mir nun, ich solle auf der Leiter zur untern Pforte klettern, sie öffnen und ein kleines, aber widerwärtiges Hindernis dort unten beseitigen; ich würde dann schon weiteres hören (oder vielmehr sehen). Während mein einziger Gedanke war: wie komme ich nur recht rasch aus diesem unheimlichen Ei? mußte ich jetzt im Gegenteil noch obendrein in der Versenkung unterm Ei verschwinden! Aber freundlich phosphoreszierte das Ei mir zu, getrost hinunterzusteigen, und wie auf sanften Fittichen fühlte ich mich mehr getragen, als daß ich ging. Die Pforte jedoch ließ sich so leicht nicht öffnen. Bedenken Sie auch nur mal, daß sie einige hundert Meter unter der Erdoberfläche lag, und daß ich gar nicht wissen konnte, welche Hölle losbrach, wenn ich den Eidotter da unten wieder aufrollte. Als ich zögerte, phosphoreszierte man mir wieder ermutigend zu. Endlich fand ich mit dem Finger wieder die kleine Öffnung und schob das Ding in die Höhe. Kaum klaffte die Öffnung, als aus dieser ein Sturmsausen fuhr, das mich im Moment, so daß ich fast erstickte, hoch gegen die Eispitze schmiß, und, ehe ich noch wußte, was mit mir geschah, klappte diese Spitze nach außen zurück wie ein Deckel, und ich lag im Wüstensand.

Jetzt fort! war mein erster Gedanke — ein Königreich für ein Kamel oder Dromedar! Kein Schiff der Wüste im ganzen Umkreis! Statt dessen — was glauben Sie wohl, wie ich staunte, als ich entdeckte, daß hinter mir aus dem Ei mir jemand nachgekrochen war, eine Art Mumie mit Bändern und Wickeln. Die Dame (oder meinen Sie, daß es ein Herr war?) sagte mir in einer Sprache, die ich seltsamerweise, trotzdem ich sie noch nie vernommen hatte, doch sofort verstand (bilden Sie sich ein, es wäre eine Musik ohne Tonleiter gewesen) folgendes:

»Vorwitziger, einfältiger, furchtsamer, nicht aber antipathischer Menschenkerl! Der Zufall, harmloser Weltling, hat dich geadelt! Bis jetzt lächerlich oberflach das kranke Geheimnis meiner Wüste durchpilgernd, bist du schon, von meinem Hauch berührt, nicht mehr unbedeutend genug, meinen Wink mißzuverstehen. Wisse, die Wüste ist dasselbe nur deutlicher, was die Erde ist, leonum arida nutrix, fast unfruchtbar, weil ihr das Ei, das Prinzip der Fruchtbarkeit, aus dem Zentrum ihrer Sphäre gerenkt, an ihrer Oberfläche verdorrt und ausschalt, und ich, die Seele der Seelen, zur Mumie und erst durch dich, erhabener Dummkopf, elektrisiert worden bin. Wie wirst du von deiner eignen Tat jetzt überragt! Vollende sie! Du drückst, wenn ich wieder im Ei bin und die Spitze zuklappt, auf deren Knopf. Im selben Maße, wie dann langsam, langsam, aber unfehlbar sicher dieses Ei zur Erdmitte sinkt, wird es kleiner und kleiner, in seiner fruchtbaren Kraft aber konzentrierter, und es entbindet sie, wenn es, in der Mitte angelangt, zur Mitte rein vernichtet und verdichtet ist, strahlend durch und durch nach außen, nach oben, bis in alle Himmel hin. Auch du, mein Guter, erst eben noch ein kleiner Lumpenhund von Unbedeutendheit, wirst es spüren: leben heißt genial sein, göttlich empfinden und wirken! Wohlan!«

... Kennen Sie zufällig den preziösen alten Baron, der bei ähnlichen Gelegenheiten hundertmal hintereinander »Wahnsinn, Wahnsinn!« sagt? Ich ließ also die Mumie ruhig über Eierschalenbord hopsen. Ich klappte ja auch, wie ich gern gestehe, den Ei-Deckel ruhig wieder zu. Aber den Knopf? Den hab' ich nie wieder berührt! Ich langte mir von hinten her meine vom Eierstaub übel gelb bemehlten Rockzipfel nach vorn, und, sie unter meine Arme nehmend, rannte ich rascher als jedes Kamel davon.

Was heißt hier überhaupt »Prinzip der Fruchtbarkeit«? Soll ich die Erde übervölkern? Soll ich mich (ausgerechnet mich) von einer ollen Mumie in Ungelegenheiten bringen lassen? Weiß Gott, die Erde ist kein Eierkuchen, am wenigsten aux confitures. Sollte das Heil der Welt von einer Nebensache abhängen? Vom Druck auf einen Knopf? Schließlich weiß ich gar nicht mehr, wo das Ei zu finden ist. Wenn aber der Leser Lust hätte, so wäre ja grade dieses Ei bei der nächsten Ostereiersuche sehr zu empfehlen! Denn wenn ich auch feige davongelaufen bin — wer weiß! Vielleicht gehört größerer Mut dazu, ein ganz nahes ungeheures Glück leicht zu ergreifen, als ein abenteuerlich fernes unter Überwindung ungeheurer Gefahren auch bloß zu ahnen. Prüfen wir uns! Denken Sie mal nach, ob Sie jetzt gleich sofort auf der Stelle durch einen leichten Fingerdruck das Massen-Glück, das Heil der ganzen Welt herbeiführen wollten? Ob Sie davor nicht eine fürchterlichere Angst anwandeln würde als vor irgendeinem Ihrer so bequem zu habenden Märtyrertode?? — —

Und doch lasse ich in Gedanken heimlich manche Träne auf das Ei der Wüste fallen, ich hätte — ja! hätte drücken sollen —!

Das Pferderennen ohne Pferd

A horse! A horse! My kingdom for a horse!
 Das Hippodrom war noch leer. In den Ställen schien das zu wiehern, was hier nicht vorkommen darf; es wird sich auch gleich herausstellen, daß es etwas anderes war. Vor sehr vielen Jahren fand einmal unter dem Protektorate der Prinzessin Rahel ein Rennen für blutjunge Leutnants statt, Rennen mit Hindernissen. Leutnant Levi gewann den Preis, zugleich aber verunglückte er tödlich. Die fürstliche Familie nahm eine Stiftung der trauernden Eltern an, eine Reitschule für verunglückte Herrenreiter, und zwar speziell für solche, die auf den Kopf gefallen waren und dennoch (oder gerade deshalb) von ihrer Leidenschaft fürs Wettrennen nicht mehr lassen konnten. In einer wildschönen Gegend, in der Nähe der bekannten Anstalt für Leute, die man aus irgendwelchen Gründen für nicht verantwortlich hält, erhob sich ein ovalrunder Bau. Das Innere zeigte die übliche Aufmachung der Rennplätze. Allein die Bahn war mit Schienen belegt.
 Inzwischen erscholl jenes Wiehern lauter und feuriger. Leutnant a.D. v.Cohn-Arnim, der schon in normalen Zeiten mit dieser Naturgabe Aufsehen gemacht und bedeutende Lacherfolge damit eingeerntet hatte, ließ es jetzt erst recht nicht daran fehlen. Er wieherte aus voller Kehle, ihm sekundierte dabei schwächlich der vormalige Regimentsadjutant Freiherr von Israel-Blücher. (Die Herren verdankten ihre Existenz den rühmlichst gelungenen zionistisch-preußischen Züchtungsversuchen.) Beide Herren waren auf Steckenpferden, in Begleitung einiger mit guten Gummijacken versehener Jockeis in die Bahn galoppiert. »Jaul heute Teufel im Leib«, wieherte v.Cohn-Arnim. »Itzig-Itzenplitz auf Salas y Gomez will die Chose heut

gewinnen? Kolossale Chancen! Was halten davon, Kamerad?« forschte Cohn-Arnim und schwang sich das Monokel ins Auge. Israel-Blücher schüttelte den Kopf und verließ sein Steckenpferd. »Ich halte Friedlaender-Zieten für aussichtsreicher. Die Prinzessin scheint noch nicht anwesend, überhaupt noch niemand außer uns. Wir müssen warten.« Der Wärter Wilhelm, wie ein Jockei livriert, übernahm die beiden Steckenpferdchen. »Gut abreiben! Noch schweißtriefend!« ermahnte ihn Cohn-Arnim. Die beiden Kavaliere pflanzten sich vor der königlichen Loge auf, an deren Brüstung soeben der Oberzeremonienmeister Graf Mosse-Pückler sich zeigte. Die Herren begrüßten einander enchantiert. Mosse-Pückler winkte diskret einen der Jockeis heran. Beide flüsterten hastig zusammen:

»Hat die Prinzessin nichts zu befahren? Ist alles gut vorbereitet?«

»Königliche Hoheit können ganz beruhigt sein.«

»Dann soll die Sache jetzt beginnen. Benachrichtigen Sie den Geheimrat!«

Gleich darauf erschollen trompetenartige Fanfaren. Cohn-Arnim und Israel-Blücher wieherten aus Leibeskräften. Rings um die Bahn liefen sechs parallele Schienenpaare. Sechs Jockeis führten je ein lebensgroßes Schaukelpferd am Zügel, deren Beine auf Rädern statt auf Schaukelhölzern standen. Diese Tiere wurden nun mit ihren Rädern in die Schienen hineingepaßt. Vier alte Offiziere zeigten sich am Eingang der Bahn: Itzig-Itzenplitz, Friedlaender-Zieten, Hirsch-Bismarck und Levi-Quitzow. Zugleich füllten sich die Tribünen mit den sonderbarsten Heiligen, weiblichen und männlichen Geschlechts, welche alle hinter starken Gitterstäben wohlverwahrt dem Rennen zuschauen sollten; nur die königliche Loge war unvergittert, und in ihr erschienen nunmehr folgende Herrschaften: Ihre königliche Hoheit die Prinzessin Rahel (ihr Name war eine Verbeugung vor der siegreichen zionistischen Bewegung); Graf Mosse-Pückler; der Geheimrat Püllmichs, Beherrscher der vorerwähnten Anstalt für Unverantwortliche, verschiedene Gefolge, Hofdamen, Kammerherren usw. Die Prinzessin saß zwischen dem uralten Stifterehepaar Levi. Die sechs Herrenreiter wurden vor die Loge befohlen und legten Wert darauf, sich zu diesem Behuf auf ihre Steckenpferde zu setzen. Es fand eine feierliche Vorstellung statt, während welcher die vergitterte Menge tierisch aufheulte, so daß die Prinzessin etwas nervös wurde und durch den Geheimrat beruhigt werden mußte. Sie sagte jedem Offizier einige huldvolle Worte und gab das Zeichen zum Beginn des Rennens. Sehr unliebsam war es, daß der Traber Peisach gleich disqualifiziert werden mußte, da ihm ein momentan unreparierbares Rad vom linken Hinterhuf abgefallen war. Hirsch-Bismarck, der ihn reiten sollte, erklärte stolz, daß er sich mit seinem Steckengaul begnügen wolle. Daß mit einem Male das Ehepaar Levi, wahrscheinlich im Rückblick auf den einst verunglückten Sohn, laut aufschluchzte, gab dem sonst strengen Zeremoniell eine fast familiäre Note.

Fünf Reiter schwangen sich in die Sättel. Am Start fand noch eine längere Beratung statt. Plötzlich ertönte ein Peitschenknall, und wiehernd setzten sich die sechs Kavaliere in Trott. Es hatte zunächst den Anschein, als ob in der Tat Itzig-Itzenplitz, ein langer Greis mit stierem Blick und herabhängenden Kinnbakken, der auf Salas y Gomez ritt, den Vorsprung behalten sollte. Bald aber wurde er von Friedlaender-Zieten (auf Bitterwasser II) glänzend überholt. Die Gäule glitten wie geölt in den Schienen. Von den Rädern ging ein Lenkwerk bis zu den Händen der Reiter, welche zum Überfluß auch noch Zügel hielten. Der Mechanismus erinnerte verdächtig an gewisse Kinderspielwagen, Holländer genannt. Nur Hirsch-Bismarck machte das Rennen eigentlich zu Fuß auf seinem Steckenroß Mathilde.

Und »Mathilde! Mathilde!« schrie das Publikum, denn Mathilde gewann langsam, aber sicher die Tête. Cohn-Arnim auf Bedlam-Dalldorf geriet aus den Schienen und wäre beinah von Israel-Blücher auf Greisenbrand überfahren worden. Levi-Quitzow auf Hypotenose peitschte so besessen auf seinen Gaul ein, daß eine Hofdame seltsamerweise Lachkrampf bekam und sich aus der Loge entfernen mußte; die Prinzessin vermerkte es ihr sehr übel, und Frau Levi legte die rührendste Fürsprache ein.

Bereits nach einer halben Stunde war das Resultat des Rennens nicht mehr zweifelhaft. Photographen kurbelten wild. Preisrichter stellten sich am Ziel auf, an welchem richtig als erster, von kannibalischem Geheul begrüßt, Hirsch-Bismarck auf seinem Klepper eintraf. Ihm zunächst Friedlaender-Zieten. Als Dritter folgte Levi-Quitzow. Die anderen waren außer Spiel und machten nicht übel Miene, sich in die Haare zu fahren. Aber schon hatten ihnen die Jockeis geschickt die Gummidolmans übergeworfen und sie außer Gefecht gebracht. »Lieber Geheimrat,« sagte die Prinzeß, »aber Sie sind ein Regisseur ersten Ranges. Warten Sie, Sie enden noch als Intendant!« Püllmichs lächelte gerührt, errötete und konnte kein Wort hervorbringen. Hirsch-Bismarck salutierte, sich auf ein Knie niederlassend, die Prinzessin und empfing aus ihren Händen den ersten Preis, den Mosse-Pückler auf einem rotsamtnen Kissen präsentierte: eine Bonbonnière in Form eines Steigbügels. Allerdings schmiß er diese Form sofort weg und naschte, ohne sich vom Knie zu erheben, furios den Inhalt auf einmal. »Herr Leutnant!« herrschte ihn Püllmichs an, »Ihre Konduite! Werden Sie wohl der Dame danken?« Hirsch-Bismarck erschrak jählings und verbeugte sich, heftig kauend und schluckend. Die Prinzeß winkte ihm, entlassend; und da er nicht begriff, wurde er von einigen Handfesten abgeführt. Friedlaender-Zieten sagte, ohne gefragt zu werden: »Ich will keine Bonbons; lieber eine Puppe wie'n Reitknecht oder so'n trojanisches Pferd.« »Pscht!« machte Püllmichs, »benehmen Sie sich anständig!« Er erhielt einen hübschen Kugelbecher, mit dem er aber so unanständige Geschichten unternahm, daß er gar nicht rasch genug beseitigt werden konnte. Levi-Quitzow, der sich den dritten Preis holte, einen silbernen Kranz aus Eichenlaub, verlangte durchaus auch das Samtkissen mit, und man mußte es ihm überlassen.

Es ertönte wiederum ein Trompetentusch. Mosse-Pückler bot der Prinzessin den Arm. Püllmichs führte Frau Levi, Herr Levi die erste Hofdame. Die Prinzessin mit Gefolge und Levis fuhren in drei Equipagen ab, nachdem sie sich von Püllmichs dankend verabschiedet hatten. In der Konferenz mit seinen Assistenzärzten äußerte sich Püllmichs ziemlich unwillig über die Anforderungen des Hofes. »Meiner Ansicht nach sind diese Levis mit ihrer Stiftung nicht normal. Wenn ich bedenke, daß diese Farce jedes Jahr zweimal steigen soll, stehen mir die Haare zu Berge. Das sind eben die Bedingungen der Karriere. Was will man tun, meine Herren?« In der Nacht hörte man es aus Friedlaender-Zietens Zelle stundenlang winseln. Er beklagte sich, daß man Hirsch-Bismarck nicht disqualifiziert habe; der sei doch promeniert: »Ja«, winselte er, »wenn ich zu Fuß geritten wäre, hätte *ich* sicherlich den ersten Preis gekriegt; ich habe noch die Beine vom alten Zieten.« Zu seiner Beruhigung wurde viel kaltes Wasser verbraucht.

Salomo Friedlaender/Mynona
in Bildern

Die Bilder wurden freundlicherweise zur Verfügung gestellt von der Sammlung Salomo Friedlaender/Mynona im Archiv der Akademie der Künste, Berlin

Berlin 1920

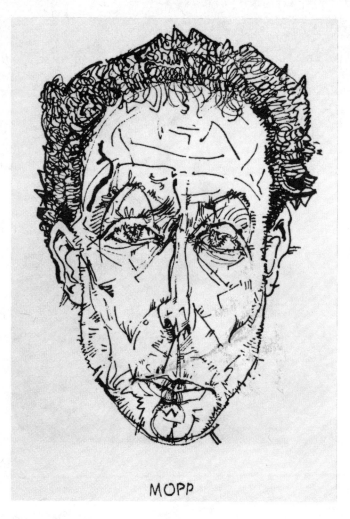

Porträt-Zeichnung von Max Oppenheimer

1907

Porträt-Holzschnitt von Arthur Segal, 1913

Umschlagentwurf von Lothar Homeyer

Porträt-Holzschnitt von Christian Schad

Zeichnung von Carl Heinz Kroll

Marie Luise und Salomo Friedlaender, Paris 1946

Porträt von Arthur Segal, 1927

MYNONA

DAS EISENBAHNGLÜCK ODER DER ANTI-FREUD

REPRINT DER ORIGINALAUSGABE VON 1925
MIT ZEICHNUNGEN VON HANS BELLMER
ERSCHEINT VORAUSSICHTLICH IM HERBST 1988
IN DER SAMMLUNG JUNIUS

Sexualität nicht als Grundmotiv des Lebens, nicht einmal als Beweggrund ihrer selbst: das ist das Thema der dreißig Grotesken Mynonas im *Eisenbahnglück* (»Herrn Professor S. Freud in Wien mit einem herzinnigsten ›coeo, ergo sum‹ gewidmet!«). Sexualität in dreister Verkehrung der Psychoanalyse als Zufall und Bagatelle, als Mittel zum Zweck, aus Gründen der Philologie, Kleptomanie, Bibliophilie, Geometrie, Vornehmheit, Reinlichkeit, Religion, um logische Irrtümer nachzuweisen, um bellen zu können ... Für erwachsene Leser, Freudianer, Kindsköpfe, Spielverderber und alle, die Spaß an der Psychoanalyse haben.

JUNIUS

»KLEINE BÜCHEREI FÜR HAND UND KOPF«

Peter Cardorff
ČECHOV ALS ENTWURF
Inventar einer Lebensperspektive

Zwischen einer Philosophie der Satire und einer Satire der Philosophie angesiedelt, bietet dieses Buch unterhaltungslustigen Lesern ein **Čechov-Kompendium**.

Čechov als Resonanzboden einer frohgestimmten Dramaturgie. Geschrieben für all jene, die wissen wollen, ob jenseits der Komödie ein ernsthaftes Leben noch existiert. Eine unendliche Geschichte sich verzweigender Motive. **Für alle Čechov-Freunde ein neuer Zugang zu Autor und Werk.** Cardorffs Arrangement und Montage machen Lust und Neugier auf einen der wichtigsten Bühnenschriftsteller und beleuchten zugleich seine Aktualität.

= **Band 9. 112 Seiten, Doppelband, 15 DM** =
NAUTILUS / NEMO PRESS
= **Hassestraße 22 − 2050 Hamburg 80** =

Frühe
Texte der Moderne

Mynona

Ich verlange ein
Reiterstandbild

Prosa Band 1

edition text + kritik

Frühe
Texte der Moderne

Herausgegeben von
Jörg Drews, Hartmut Geerken und Klaus Ramm

Mynona

**Ich verlange ein Reiter-
standbild
Grotesken und Visionen**

Prosa, Band 1

Herausgegeben
von Hartmut Geerken
282 Seiten, DM 34,--
ISBN 3-88377-063-9

Mynona

**Der Schöpfer. Phantasie,
Tarzaniade. Parodie,
Der antibabylonische Turm.
Utopie**
Prosa, Band 2

Herausgegeben
von Hartmut Geerken
328 Seiten, DM 34,--
ISBN 3-88377-064-7

edition text + kritik

Verlag edition text + kritik GmbH, Levelingstraße 6a, 8000 München 80